7个转变让公司3年胜出

企业转型升级、管理变革有方法

李蓓◎著

電子工業出版社
Publishing House of Electronics Industry
北京 • BEIJING

图书在版编目（CIP）数据

7个转变，让公司3年胜出/李蓓著．—北京：电子工业出版社，2012.11
ISBN 978-7-121-18616-5

Ⅰ.①7…　Ⅱ.①李…　Ⅲ.①企业管理—研究　Ⅳ.①F270

中国版本图书馆CIP数据核字（2012）第226932号

书　　名：7个转变，让公司3年胜出
作　　者：李　蓓
策划编辑：韩　龙
责任编辑：李　影
印　　刷：三河市文阁印刷厂
装　　订：三河市文阁印刷厂
出版发行：电子工业出版社
北京市海淀区万寿路173信箱　邮编100036
开　　本：787×1 092　1/16　印张：16.5　字数：223千字
印　　次：2012年11月第1次印刷
定　　价：58.00元

凡所购买电子工业出版社图书有缺损问题，请向购买书店调换。若书店售缺，请与本社发行部联系，联系及邮购电话：（010）88254888。

质量投诉请发邮件至zlts@phei.com.cn，盗版侵权举报请发邮件至dbqq@phei.com.cn。

服务热线：（010）88258888。

博瑞森图书：企业视角　本土实践

亲爱的读者朋友：

也许您是博瑞森图书的老读者，也许是新朋友，欢迎您阅读博瑞森图书！

当今中国，各行各业都存在着转型升级的压力与机遇。博瑞森图书与您一同应对转型挑战并发现其带来的机遇：

我们一直在问：什么样的书能为您解决管理的难题带来启发？

我们一直在找：哪些作品最能帮助企业从跟随到领先？

我们一直在做：把最好的作品以最便捷的方式呈现给您，纸质版、电子版、听读版、书摘短信……

我们力求做到：不要多，而要少——让您花最少的时间、阅读最少的内容，就能获得关键性的帮助或提升。

我们希望您：把您阅读各类经营管理类图书中的遗憾或收获，告诉我们(13611149991)，我们认真聆听。

我们策划图书的原则是：

- 企业视角——与您一样，做水中的游泳者，而非岸上的观众或教练；
- 本土实践——与您一样，立足本土环境，追求卓越实践。

每个人、每家公司都有自己的梦想。我们希望用最诚挚、最简洁的方式为您和您的团队实现自己的梦想，助一臂之力！

如果有一天，您把博瑞森图书视为您优秀的事业伙伴、管理助手，我们也就实现了自己的梦想。

相信我们都会有梦想实现的这一天！

博瑞森图书
010－51900529
bookgood@126.com

自　序

为行业“老手”打开一扇窗：改变从今天开始

在我从事企业咨询的过程中，曾经研究过国内十四个行业的上百家企业，其中有“中”字头的国企，也有刚刚起步的私企。在与这些不同行业、不同规模的企业管理者沟通的时候，我明显地感受到，不少管理者们都意识到了一个问题——商业规则正在发生变化。

改变已经发生：行业内出现的创新常常不是在这个领域“摸爬滚打”多年的“老手”所为，而是一些行业新手，过去泾渭分明的行业界线正逐渐趋于模糊。创新的管理方式可以从最微不足道的细节中体现出来：取消前台接待、项目小组式的灵活的内部管理、客户和员工充分融合、成就的激励而非完全的物质激励、大量地进行数据收集和挖掘……

“老手”们习惯于成本控制、产品生命周期延长、质量监控、营销整合、渠道建设、贴牌代工等等这些驾轻就熟的方式。但不断扩大生产规模，压低单价的“灵丹妙药”不再有效，挥舞价格大棒只能让整个行业陷入毛利率越来越低的“囚徒困境”。即使在经典价值链上拥有一席之地，也不代表一定可以分到一块蛋糕。

我期望，这本书能为惴惴不安的“老手”们打开一扇窗户。

在我们谈到具体的、今天就可以做到的企业的七大转变之前，我想强调的是，当你不再惧怕改变，而是开始拥抱改变，甚至有意识地去寻找改变的时候，这种心态才是“反败为胜”的关键。过去的管理者习惯于缩在让自己感觉舒服的“小环境”中，他们将CEO的办公室布置得豪华、舒适、可以俯瞰整个公司。即使他们刚刚从一个“创新”讲座中回到公司，但熟悉的环境和氛围马上又让他陷入到“从上至下”的管理体系中。这是一个古老的“猫鼠游戏”，管理被理解为：当老板的“猫”要不断地发现和纠正作为下属的“鼠”，同时，“鼠”也习惯了一种被动、躲避的“不犯错”和“无需负责”的“雇员心态”。“创新”似乎不是一线员工要关心的事。

这本书中谈到了方方面面的转变：

转变1：企业估值——从“财务资产”到“客户资产”；

转变2：业务模式——从“生产推动”到“需求拉动”；

转变3：营销——从“单向广告”到“口碑互动”；

转变4：生产制造——从“大量生产”到“按需定制”；

转变5：客户服务——从产品到服务，再到解决方案；

转变6：用户黏性——从“偶然购买”到“重复购买”；

转变7：组织管理——从“集权管理”到“分散活动”。

对于力图在今天求变的企业管理者而言，许多是可以立刻开始的。同时，我也非常理解，所有的改变都是有风险的。希望有所行动，但是不希望成为“先烈”。在深入分析了每一项转变之后，我们提出了一些既符合市场趋势，同时又是“局部调整”的方法，帮你迈出“第一步”！

“大多数人都会高估他们在一年内取得的成就，而低估他们将在十年内取得的成就”，当你迈开改变的步伐后，转机的出现可能并不需要那么久。

目录 contents

转变2　从“生产推动”到“需求拉动”

转变3　从“单向广告”到“口碑互动”

转变4　从“大量生产”到“按需定制”

转变5　从产品到服务，再到解决方案

转变 6　从“偶然购买”到“重复购买”

转变 7　从“集权管理”到“分散活动”

从“短缺社会”到“丰饶社会”

当你为积压在库房里的产品发愁的时候，当你发现自己陷入口号不同但实质趋同的“品牌大战”的时候，当你比以前更努力却收效甚微的时候，可能仅仅是因为环境变了。

第1节　产品正在越来越多

我们一直都生活在“资源稀缺”的大环境里：如果没有这个大前提，就不会有分配和选择的困难；也不会有生产活动；也不会产生“价格”和“交换”。

就像相信太阳每天都会升起一样，我们从未怀疑过这一大前提。然而，资源真的稀缺吗?

一　“资源”可能不再“稀缺”

“你是做什么的?”

“做服装的、做软件的、做汽车的、做工程的……”

在90%的回答里，你会听到产品名称。

人们已经习惯于从产品的角度，或者从行业的角度，来看待整个商业社会。在这里，如果没有“产品”，交换行为就无法发生，买方和卖方也就无法定义。没有产品，就没有定价的概念；没有产品，也就没有围绕产品的促销、渠道和交易场所。

这不是偶然的，生产制造一直是商业社会的中心，因为我们一直都生活在“资源稀缺”的大环境中。

查一下关于“经济”这个词的定义，《现代汉语词典》把它解释为“社会物质生产和再生产的活动。”《牛津美国大学词典》的解释是：(1) 在一个国家或地区的财富或资源，可用于生产和消费的产品和服务；(2) 将有限的资源进行恰当的管理。

如果没有“资源稀缺”这个大前提，就不会有分配和选择的困难；也不会有生产活动；也不会有“价格”和“交换”的概念——正是在稀缺性的前提下，才形成了这样的规则：谁愿意为这些资源提供最高的交换价格，谁就可以首先拥有它。这些概念构筑了我们用以了解、解释和运行经济社会的其他规则。现在，在我们进一步审视“资源稀缺”这个大前提之前，请允许我用尽量少的篇幅来回顾一下我们在“稀缺性”的笼罩下已经走过的历程。

二　经济环境的转变

1. 奴隶经济

有一个苹果林，果林里的果子不够每个人敞怀吃到全饱，而且一年里只有一个月才结果子。在这种情形下，人们就果子的分配问题发生了争斗，不够强壮的人死掉了。最后，幸存的人达成了一种秩序：统领者决定果子的分配，其他的人看管、照顾果树；作为回报，统领者定期给他们仅够维持生存的果子干；有些人逃跑了，去寻找自己的果子林；也有些奴隶成功地密谋推翻了统领者，成为新的统领者，但是分配的秩序没有改变。

在某个有野心的统领者的坚持下，这群人在保护好自己的果林的同时开始向别的领域进军，他们发现了曾经逃跑的人所发现的新的果林。又通过一场战争，他们合并了新的果林，新统领者比以前的统领者更加强壮，有更多的奴隶和更大的边界。统领者开始喜欢这样的过程，虽然他自己的果子已经一年四季都吃不完，但他的目标是发现所有的果林并成为最大的统领者。他和他的继任者一直努力着，终于有一天，他们实现了这个理想，果子帝国诞生了。

2. 封建经济

但是，帝国的版图和管理的复杂程度是统领者没有料到的。果林内部小的叛变和争斗层出不穷。统领者开始考虑换一种思路来管理这个有史以来最大的果林。他把果林分成小块，颁布法令：每个奴隶都可以获得自己的小果林，只要他们定期把果子干贡献给统领者，统领者就保护他们，而且他们可以拥有剩余的果子。所有的奴隶都被这样的“优待”吸引了，他们从“奴隶”变成“农民”。

自由农民中总有一些是喜欢探索的。他们最先发现了果子的培育与气候、肥料、嫁接等秘密。他们掌握的技术让他们在自己的小果林里结出最红、最大的果实，而且从一年一次结果变成了多次结果。他们的收入迅速超过了邻居。他们把多余的财富用来收购邻近的果林，雇佣别的自由农民用同样的先进方法种植。很快，这些人成了“大果农”——那些拥有大量的果林并且有能力雇佣其他果农的供给者。这些“大果农”的供应能力迅速增强。很快，前三名“大果农”的产量就占了所有产量的70%。

还有一些果农在厌烦了常年吃一种果子的情况下开始尝试栽种别的品种，他们的努力很快得到了关注——从统领者到邻居都对新口味的果子感兴趣，他们在自己的小林子里种满了新的品种，想吃原来口味的果子的时候，他们就把自己的果子拿到集市上交换。很快，在集市的作用下，果子王国变成了无所不包的“新天地”，什么新奇的东西都可以在这里被发现和交换。每个自由农民都觉得现在比当年强多了。最高兴的是那些已经不依赖种果子生存的人，他们只负责把不同的果子从A地运到B地——他们被称为“商人”。

3. 商品经济

经过一段时间的经营，商人们发现了一些集市的奥秘。有一位商人打算用他的新发现做一次赌博。他和三位“大果农”达成独家进货协议，并且在果子上市之前在《今日果园》报上刊登了大幅的广告。最后，果子上市的时候，新颖的独立包装、鲜明的$ 1.99的价格标签，还有反复出现的“每一个苹果都是幸福”的广告语引发了抢购风潮，每个人都想要“这种果子”。

虽然每个“幸福牌”果子仅售$ 1.99，但是，商人利用这次成功聚集起来的资本，把那些受排挤的小商贩招至麾下，在每个村庄旁建设仓储式购物中心，在每季都选择出一些“大热门”的商品，然后进行宣传，最终，他构建了新的秩序。果农们都争先恐后地向他提供商品，果子被成批地采摘、包装、运输到商场里，大量的农民离开果林，加入到流水作业中，他们成为了“自由工人”。

在这个体系下，大家都能以低廉的价格获得热门商品，满足生活所需。商人就这样组装出自动造钱的机器。

这就是一部简化版的《经济发展史》，这是昨天和今天发生的事。然而，在我们以为已经“知道了一切”以后，事情发生了变化。

4. 自由经济

商人发现，有些人开始在商场以外进行交换。开始，商人并不在意。可是，从销售记录中商人发现他的“主流消费者”在逐渐减少，虽然还没有少到要他关门的程度，但是广告宣传的确没有过去那样有效了。商人开始关注那些“少数派”在做什么，是怎么做的。

一种新的方式出现了。在这里，稀缺性即使存在，也远没有以前那么明显，现在，果子远不像当初那么稀少。经过种植、嫁接等新技术的提升，果子的成活率、生长周期都发生了变化，每个季度都有大量的果子成熟。

新的问题是，果子如果不被及时采摘就很可能烂掉。另外，人们比以往更不在意那些“普通”的果子，过去如果价格低一些，顾客就能喜笑颜开；而现在，普通的果子在货架上容易被忽略，每个人对果子的需求都或多或少地偏离了“主流”，有的希望果子有其他的颜色，有的则更喜好特别的香味，还有的把不同的果子搭配起来吃……

一些果农开始尝试先让人们设定自己喜欢的口味和需要果子的时间，然后，这种特别的、完全符合需要的果子就能在设定的时间内成熟并送到顾客的餐桌上。这一切都不是在商人的“大卖场”里发生的，没有货架和广告，表面上看什么都没有变化，但是商人发现他的“幸福牌”果子的销量在逐渐下降……

下表可以把上面那个故事再精炼一些。

表1－1　经济社会的演变

	奴隶经济	封建经济	商品经济	自由经济
供给	非常有限	比较有限	比较丰富	非常丰富
需求	大多数人的需求被压制，极少数人的需求可以得到满足	多数人的基本需求可以被满足，少数人的需求可以被充分满足	多数人的需求能够满足，但满足方式比较单一，少数人的独特需求被满足	多数人可以满足自己独特的需求

续表

	奴隶经济	封建经济	商品经济	自由经济
分配方式	强制性 配给制	半强制性	以自由交换的模式进行，但受到有限供给的限制	不受供给限制的自由交换
权力体系	绝对暴力	暴力为主	以民主的形式，但受到可选择种类的限制	非常民主

第2节　“产品为王”只适合稀缺社会

产品是什么？它什么也不是。产品不是交换的起点，也不是终点。在商业社会中，产品最多是一个载体，是交换发生过程中的一个环节、一个步骤、一个阶段。如果没有买方和卖方在两边拉着它，就会变得一文不值。

如果我们看到了交换中“拉住”产品的两只手——需求和供给，而不是只从供给的角度来分析，今天关于“企业管理”的一大半内容都要被改写。无论你承认与否，“产品为王”的时代已经过去了。

一　资源占有量少了，价值却高了

如果你觉得上一节中关于“自由经济”的描绘过于乌托邦，而且，从商品经济到自由经济的路径过于简化的话，很正确，那正是我们要着重思考的。

我们从这样几个企业展开讨论——标准石油（美孚石油）、福特公司、可口可乐、沃尔玛、微软和Google到底有什么不同？当然，从任何一个角度考察这几个标志性的公司都会有所启示。它们的共同点很明显：它们在某个时期成为（或最有可能成为）全美最值钱的企业，但更让我感兴趣的是它们的差异。

表1-2　美国标志性企业的历史对比

	STANDARD	Ford	Coca-Cola	WAL*MART	Microsoft	Google
年收入	—	177210.0	23104.0	315654.0	39788.0	6138.6
资产	900（1911年）	269476.0	29427.0	138187.0	70815.0	10271.8
雇员人数	在托拉斯时期超过万人	全球345000人	全球73000人	全球1700000人	全球71000人	全球7942人
行业	石油、煤油、润滑油	汽车与零件	饮料	普通零售	计算机服务与软件	网络服务
面向客户	全美、欧洲、小部分亚洲市场	全美、部分欧洲、亚洲市场	全球市场	全球市场	全球市场	全球市场，从企业到个人
全球化程度	一般	较高	很高	很高	很高	从成立起即面向全球互联网用户
年利润	—	2024.0	4872.0	11231.0	12254.0	1465.4
市场价值	—	14558.9	101321.7	194463.9	274380.64	100998.2
股东权益	—	15.6	16355.0	53171.0	48115.0	9419.0

注1：美孚石油在1911年按照美国的《反托拉斯法》被拆分为37个地区性石油公司。今天，埃克森（Exxon）、美孚（Mobil）、雪佛龙（Chevron），连同起家于德州的德士古（Texaco）、海湾（Gulf）、英国石油公司（BP）和英荷皇家壳牌石油公司（Royal Dutch/Shell）并称“石油7姐妹”，成为世界上最大的7家跨国石油公司。

注2：以上所有数据来源于Fortune 2006年披露的相关企业信息和公司网站上公布的信息。

注3：数据部分的计量单位全部为百万美元。

仔细地看一看上表，这样的比较不让你心生疑惑吗？那些后出现的高成长的企业，它们拥有的实体资源，无论是雇员的数量，还是以固定资产来衡量，似乎都在减少。资源的占有量既然缩小了，相应地，企业能够提供产品和服务的能力也应该下降。事实正好相反，微软这样的企业用 15 年的时间服务于全球客户；而可口可乐用了近百年才在全球设立了灌装厂；Google 则是在创立之初就面向全世界，而且很快就有 50% 以上的访问量来自于美国之外。

一定有一些没有出现在“会计报表”中的信息被遗漏了。为什么对资源的占用可以减少，而企业价值却相差无几甚至会后来居上？

为什么那些提供“虚拟产品或服务”的企业为它们的客户创造出了超过“实体产品”的价值？这些价值是如何体现的？

答案蕴涵在对资源的利用效率的提升上。上一次这样大规模的效率提升被称为“工业革命”。

现在可能是一个新的变革的前夕，在这次变革中，一些天经地义的规则正在发生改变，一些原来我们作为缺省值接受的前提条件正在展示出与过去不同的状态。

二　稀缺社会产品就是中心

让我们重新思考一下一些“稀缺社会”中已经耳熟能详的概念，比如：产品、交换。

交换是什么？一次成功的交换就是需求和供给相互发现和匹配成功的过程。交换完成，也就是：

需求＝供给

在这个等式里，我们没有看到产品。

产品是什么？它什么也不是。产品不是交换的起点，也不是终点。在商业社会中，产品最多是一个载体，是交换发生过程中的一

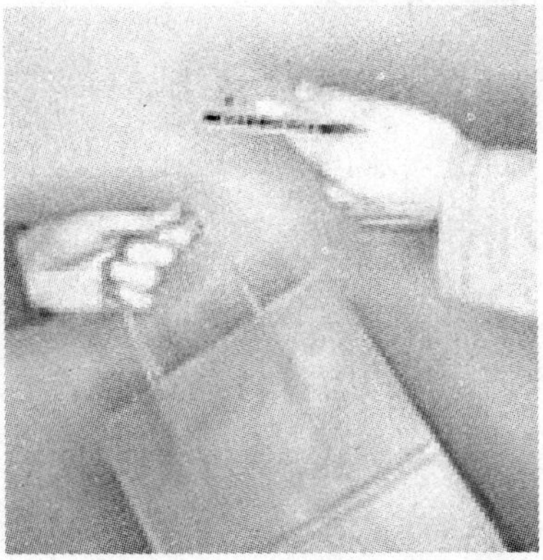

图 1－1　商品交换

个环节、一个步骤、一个阶段。如果没有买方和卖方在两边拉着它，就会变得一文不值。没有人需要的产品就是废品，没有被销售出去的产品最好也没有被生产出来，这才算实现“最佳的资源优化”。

事实上，近二十年来的很多管理优化的实践都是围绕着如何提升供应链的效率。现在，想想看，你的公司报表中有多少是关于产品的？从成本计算到销量报表，从库存数据到工作岗位设置。或许你和我一样，感受到了改变，但这种改变究竟是什么？

生产的终点是制造出产品，所以，关于产品的一切就上了企业管理报表，用以检验生产的效率和最终成果。我们把所有的精力都放在资源的分配上，目标是在有限的资源下生产出更多的产品。在这样的前提下，上面那个公式只在供给的那边才被重视。它演变成：

生产资源 × 劳动生产率 = 产品 × 产量 = 供给 = 需求

流水线上生产出来的产品基本上是一模一样的。看看大街上的汽车吧，它们的基本形状都和福特的 T 型车没有太大差别。因此，稀缺社会中对供给的关注可以直接转化成对产量的关注。这就是为什么产量在很多管理报表、投资计划书和企业价值计算中被反复提到的原因。产量是一个直观的指标，它就是体现供给能力的参数，也是劳动生产率提升的标杆。

那基本公式中需求的一面呢？需求始终存在，需求未被满足，需求是不言而喻的。但是需求的一面往往被人们忽视。

那么，需求这边的等式是怎么演变的呢？如果你对客户的要求了解得足够详细，你就会发现：没有两个客户的需求是相同的。每个人都是独特的，他们的需求也是独特的。

为了实现交换，供给和需求的双方都做出了让步：供给方利用低价来说服需求方放弃一些特殊的“自我”要求；需求方即使知道产品不是100%满足需求，但是有总比没有好。这样，在工业化生产的大前提下，需求的这边变成：

供给＝需求＝（A的特殊需求＋基本需求）＋（B的特殊需求＋基本需求）＋（C的特殊需求＋基本需求）……＋（N的特殊需求＋基本需求）

为了让交换能够成功，需求中的特殊部分被强行抹去。

产品×产量＝供给＝需求＝很多客户的特殊需求＋很多客户的基本需求

现在：**供给＝需求**

甚至，在没有发生经济危机这样的错位时，这个公式还可以进一步简化成：

产量＝销量

这就是“产品为王”的社会为什么这么关注产品和产量的原因，在稀缺社会中，生产出来的产品就会被消费。尤其是当生产规模的扩大可以进一步地降低成本之后，更多的人愿意以可承受的价格满足基本需求，于是需要不断地提高产量。产品就是稀缺社会的中心，就像看起来天经地义的“地心说”一样。

三　丰饶社会更关注需求

这一切都可以成立——直到我们开始跨入“丰饶社会”。当生产成本已经如此低廉，生产工具已经如此普遍，生产效率已经大幅度提升，各式各样的产品已经塞满了仓库，市场里替代产品之间的竞争已经白热化，那些曾经被抹掉的“特殊需求”现在成为了值得抢夺的“资源”。

让我们重新审视交换行为。关于产品的一切其实都是假象。客户花钱购买的不是产品，而是产品带来的功效。决定价值的也不是产品，甚至不是生产过程、原材料及加工成本，而是客户愿意为产品的效能所付出的价值，这种价值如果等同或超过了客户的预期，就是“值得”的。

如果我们看到了交换中“拉住”产品的两只手——需求和供给，而不是只从供给的角度来分析，今天关于“企业管理”的一大半内容都要被改写。无论你承认与否，“产品为王”的时代已经过去了。

第3节　“品牌为王”也只是过渡

品牌和品牌之间无法始终保持鲜明的分割线，是“阿迪达斯”的“没有不可能”，还是“李宁”的“一切皆有可能”更合胃口呢？所有厂家早晚都会发现自己陷入了口号不同但实质趋同的“品牌大战”。

品牌还有一个问题就是它代表了过去。一切都不发生变化，你就能保持品牌，而真实的需求一直在变化。这也是为什么成功的品牌在达到极限后就很难突破的原因。任何一个小的改变都可能在你尚未吸引到新客户的时候就丢掉老客户。

品牌差异化和需求的完全满足之间还是有很大差距的。

一 品牌的魅力

“品牌资产”的概念从1989年被提出以来，我们看到，产品实际已经从“工业化大生产”以来所自然占据的“焦点”地位慢慢退出。越来越多的企业家在考虑，企业到底应该创造什么？

对于这个问题，有一个被广为传播的故事也许可以回答：你可以一把火烧掉我的厂房、库存，把我的员工全部解散。但是，只要保留我的品牌，我就能瞬间重建这一切。这种说法的背后是企业核心竞争力的转移。品牌的魅力在于，你是否能成功地、鲜明地聚集起成规模的需求，这些消费者追随你的品牌如同战士追随将军，如同信徒追随教皇。

如果你确信你能做到这两点：

（1）在属于你的消费者群体中建立牢固的品牌忠诚；

（2）利用这种忠诚聚集足够大的群体，形成规模。

一旦满足了这两个条件，你就可以肯定成批生产的产品在贴上了某个具有“魔力”的标签之后，就能够被某一类消费者接受。这样，企业就具备了持续发展的最可靠动力。

这个答案还可以以更极端的方式表现出来。越来越多的企业开始将过去视为根本的“生产能力”逐渐外包，把所有的精力都放在品牌方面——建立品牌形象、传递品牌内涵、确立品牌差异、提升品牌价值、延长品牌忠诚。在从“生产”到“品牌”的伟大转移中，品牌的确能够展示出比单纯地“供给产品、提供功效”更为巨大的魔力。

品牌已经成为一只可以“点石成金”的金手指。形形色色的人可以根据自己的体验，把对产品功能的“基础需求”和更多的情感认同统一起来，他们在品牌大旗的召唤下从“某一个”中准确地分辨出“这一个”，并宣布只有“这一个”才是他们想要的。

品牌比产品创造出了更大的忠诚。

不止一次的实验说明去掉饮料的标签，人们尝不出是什么牌子的饮料；但贴上标签，很多人都选择“可口可乐”。“品牌为王”的确比“产品为王”前进了一步。事实证明，成功的品牌后面，生产的重要性被弱化了，产品可以是“贴牌”的。专注于品牌的企业也是推动“外包”这一潮流的中坚力量，从耐克到戴尔莫不如是。这再一次证实了当产量提升到一定的程度，能够打动消费者的是产品之间的差异化。虽然这种差异化不是产品功效上的差异，仅仅是心理作用，但是能够大大提升产品的附加值。

如果我们仔细审视一下“品牌魔力”构成的两个条件，会发现当一个市场上开始充斥不同的品牌的时候，各个品牌的群体边界是模糊的，很难完全区分开来。为了保持品牌的规模，不少品牌刻意选取了“积极”、“进取”、“时尚”、“活力”等容易被多数人群接受的定义。而消费者，他们自然不反感“积极”，也想成为有“活力”的人，那么是“阿迪达斯”的“没有不可能”适合他们，还是“李宁”的“一切皆有可能”更合胃口呢？品牌差异化是市场营销人员一直想做到却又无法完全攻克的难题。

二 品牌的矛盾

的确，品牌不能解决所有问题，而且它还带来了新的矛盾——忠诚度和规模化的矛盾。构成品牌影响力的两个先决条件就是互相矛盾的。

品牌是把双刃剑，要保持它的锋利，你需要不断地磨——也就是不断地去除那些不在你的“杀伤范围”内的客户。品牌需要聚焦客户，可你又不能创造只属于一个人的品牌。这样品牌树立的过程几乎就是一个试错的过程，首先你聚焦一个群体，希望获得他们的认可。经过努力，你发现这个群体定义得过于宽泛了，品牌的特色不够突出，他们不认为这足够独特，于是你缩小范围，发现打动力是提高了，但是数量的减少又带来了利润的压力。于是你只能再次调整……

在写字楼里，报出QQ号码显得不如MSN那么“有范儿”。好的品牌正是这样一条鲜明的分割线。问题是：随着企业对利润的不断追逐，随着对某一品牌的市场占有率无限提升，你早晚要碰到别的品牌边界。

品牌和品牌之间无法始终保持鲜明的分割线，而所有厂家早晚都会发现自己陷入了口号不同但实质趋同的“品牌大战”。

品牌还有一个问题就是它代表了过去。

这不仅仅是说要树立品牌，你需要较长的时间、很高的成本；更重要的是品牌只能说明过去，因为真实的需求一直在变化。这也是为什么成功的品牌在达到极限后就很难突破的原因。任何一个小的改变都可能在你尚未吸引到新客户的时候就丢掉老客户。

如何解决这些麻烦？还是那些脚踏实地的企业家给出了答案。

让我们来看看 Giorgio Armani（乔治·阿玛尼）这位服装设计师，同时也是品牌大师，他在超过半个世纪的时间里一直勤奋工作，建立了一个服装王国。在高端品牌 Giorgio Armani 取得成功之后，他意识到 Giorgio Armani 定位于高收入、追求简约优雅的“名士淑女”，很多人被这样的品牌定位排除了。于是他创建了 Emporio Armani 这一副品牌，以相对休闲的风格来覆盖更年轻的人群，同时价格也比 Giorgio Armani 容易承受。即使是销量最低的 Armani Junior 这种针对孩子的副品牌，也有着明确的目标客户群。

能够在品牌大战中游刃有余的还有宝洁公司（P&G）这样的老牌企业。宝洁公司的百年实践基本上就能写出“品牌塑造”的营销教科书。以宝洁的一条产品线为例，在功效基本相同的洗发水产品上，宝洁公司人为地将不同的功效偏向和不同的品牌进行关联。让消费者形成这样的印象：

如果我要去头屑，就要选“海飞丝”（其英文名称 Head and Shoulders 直译为“头和肩”，更直接地说明了这款洗发水是去头屑的，所以能同时保持你的头和肩一尘不染）；如果我希望头发柔顺，我就要选“飘柔”；如果我希望头发强韧，就要选“潘婷”；如果我希望用专业洗护产品，就要选“沙宣”。

和阿玛尼一样，这种由一家企业控制并人为地进行了市场切割的“多品牌”战略，可以确保自己的产品之间不相互竞争，也可以最大程度上扩大整体市场份额。事实上，在所有的充分竞争的市场上，各品牌所能占有的市场份额多数时候是相对稳定的，也就是说，消费者已经在竞争中逐步形成了“归属”，要么选择品牌 A，要么选择品牌 B，这种选择一旦固定将持续相当长的时间，而这个市场上的竞争格局也就此确立。新的公司或新的品牌只能在被区分得非常细的“小众市场”中生存，而要挑战成型的市场格局将十分困难。

三　多品牌战略也不能满足所有人的需求

在一个更长的时间轴上来看不同时期出现的不同策略，你是否发现了这个秘密？多品牌战略其实是一种过渡——从稀缺社会到丰饶社会的过渡。在供给非常稀缺的时候你不需要品牌，只要有产品就够了。因为那个时候，需求是缺省值。随着产品数量的增长和同质化的加剧，企业需要将人群中更有特色的类似需求聚拢在品牌的旗帜下。多品牌战略就是树立了多竿不同的大旗。利用多种品牌，你就能满足更多的需求，你的产品就能顺利地被交换出去。

成功的交换实现了：

供给＝需求

在产品日益增多，竞争日益激烈的情况下，有些经营者想到了曾经被忽略的特殊需求，他们把特殊需求中的一部分加以抽象，形成这样的公式：

品牌A的产品×产量A＝N（A）×（基本需求＋A类人群的特殊需求）；

品牌B的产品×产量B＝N（B）×（基本需求＋B类人群的特殊需求）；

品牌C的产品×产量C＝N（C）×（基本需求＋C类人群的特殊需求）；

……

现在，在每个品牌的旗帜下，交换都顺利地达成了。但是，无论你已经成功地创建了多少个子品牌，你终究会碰到极限——客户细分和规模制造产生的冲突。

今天，即使是最出色的品牌营销专家宝洁公司，也只有300多个品牌，考虑到个人快速消费品的客户数量以亿计算，品牌差异化和需求的完全满足之间还是有很大差距的。

这就像要把不同的饼干装到饼干盒里的难题一样。在“产品为王”的时代里，处理不同形状的饼干的方式是把那些不规则的边界削掉；在“品牌为王”的时代里，处理的方式是用不同形状的饼干盒来装那些形状大致相同的饼干。

图1-2 原始需求

图1-3 “产品为王”时代的规模生产

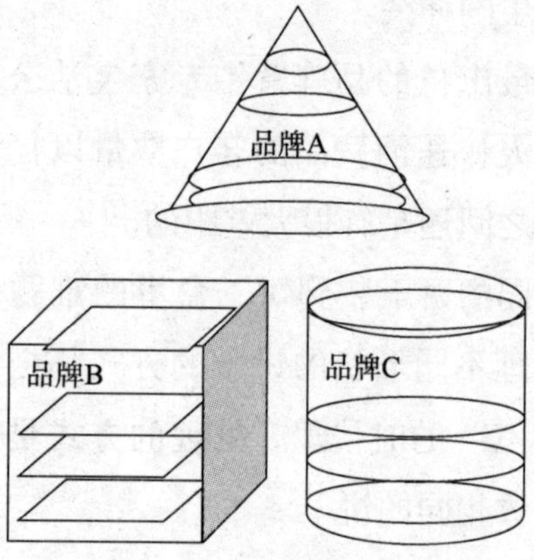

图 1－4 “品牌为王”时代的有限差异

第 4 节 “需求为王”才是根本

今天的企业和昨天的企业将呈现出不同的特征。要在今天的经济条件下生存，企业必须有所转变。企业需要将运营核心从生产转向需求，需要重新审视过去那些不能被满足的需求，那些特别的、与众不同的、因人而异的需求，正是这些需求，让企业创造了一个又一个的奇迹。

一 丰饶社会更关注需求

如果说 20 世纪 70 年代提出营销的 4P 还是把产品放在核心位置，那么 20 世纪末出现的外包潮流显然是对“产品为王”的颠覆，我们进入了“品牌大战”。现在“品牌混战”的时期还没有终结，只在少数的行业中品牌格局形成了长期的、稳定的局面，而在更多的领域、更广阔的国际市场上，以“树立品牌”的方式来塑造企业核心竞争力的做法还是潮流之选。

但是，当一种新模式诞生的时候，只要它能够更快、更好地满足需求，如果这种满足方式还是低成本的，如果还可以在规模的基础上适合每位顾客独一无二的需求，如果该模式可以将供给方和需求方以更方便和更及时的方式进行匹配，那么这种模式就会迅速风靡。这也是我们越来越接近“丰饶社会”时所能感受到的变化。

本书所探讨的其实是企业管理的第二次伟大转移，从品牌转向需求。

这种需求不是抽象的、统一的、批量化的；不是被削减了的；不需要将每个人独特的需求进行任何改变，就能够得到满足。当然，这不是说我们重新回到了“工业化大生产”之前的手工时代——那时候的每一双鞋、每一件衣服虽然都是独一无二的，但是品质和数量都受到了很大的限制。我们将看到如何利用人类已经积累起来的大规模生产的能力、强大的传播能力、超越国界的物流能力以及最有流动性的金融工具来达到更进一步的飞跃。这种飞跃可以前所未有地解放人，满足人的需求。当所有的行业、所有的领域都实现了这种飞跃的时候，我们也可以骄傲地宣称人类的“丰饶社会”已经到来。

二　丰饶社会生产“大众消费品”

听起来有些乌托邦是吗?

对比一下“工业革命”之前和之后的五十年，或许你会认同我们今天就生活在过去的“乌托邦”中。汽车、电脑、手机都可以以非常低的价格成为“大众消费品”，一个普通的中产阶级在今天的生活是过去的国王都享受不到的。每个人都从这样的效率提升和技术革新中获益。创新可以来自最普通的人，如果你足够坚持，你的想法就有机会得到展示和检验。这些都是了不起的解放。

在工业革命中，生产的某些要素都大幅度地降低了成本。相对于之前要得到相同功效的成本，新的方式几乎可以看成是免费的。在与工业革命中的动能相比之下，用畜力或人力才能获得的能量几乎是“免费”的。突然之间你能够做之前你无法做到的事情了，你可以让工厂一天24小时运转，生产出前工业时代无法想象的产品。

当然，在今天谈“规模生产”的时候，一定要提到的是它的负面影响——免费的能量实际上还是有成本的。石油枯竭、环境污染、生态平衡被破坏都是片面追求产量和经济效益的恶果。但是，要解决这些问题，我们还是要求助于新科技。新的方法正在被创造出来提升资源的利用效率，或者是降低它们的副作用。考虑一下这几十年来我们在太阳能和核能方面的进展，考虑一下在微分子领域、生化技术和太空领域的探索。其中，最引人注目的要属信息社会带来的新一轮的生产效率提升。

随着信息技术的发展，在“蒸汽机”带来了“免费”能源之后，我们看到几乎所有的“比特产品”都在降低成本，却创造出前所未有的效益。这些效益目前还没有看出有明显的“负作用”。与之相伴的是书籍、音乐、视频、图像、设计、教育等产品无疑又一次提升了效率；高科技制造行业，例如电脑、电话、宽带的成本下降趋势也十分明显；即使是家电、汽车、纺织这些标准的制造业，供应链整合和精细管理也正在贡献出更多物美价廉的产品。

如果还需要证明的话，你可以立刻起身到冰箱里拿一瓶依云矿泉水喝上一口，然后思考一下，在唐朝的时候，要吃到岭南的荔枝，你最少也要等上三天，前提是你要贵为王妃，更不要说来自法国阿尔卑斯的矿泉水。“丰饶社会”是否真的那么遥远呢？

三　企业的运营核心从生产转向需求

有几件重要的事实正在改变过去我们定义“经济学”的前提条件：

（1）人类通过自主的发明和协作，能够也正在以较低的成本创造出大量的产品；

（2）生产工具的普及，很大程度上体现为教育的普及而不仅仅是机器设备的更新，帮助人们更进一步地解放生产力；

（3）分工和组织能力的飞跃轻易地突破了过去的地域边界，也被证明可以跨越文化障碍，在经济规律的驱使下能够整合全球资源。

正是这些改变导致了企业的转变。或者说，企业在这些变化的基础上将运营的核心从生产转向了需求。从这个转变上我们也看到了进步——过去不能满足的需求，那些特别的、与众不同的、因人而异的需求被重新审视，而且有人正想法设法地去满足它们。每个人都因为这种努力而获得了更好的感受，而且不需要付出昂贵的代价。

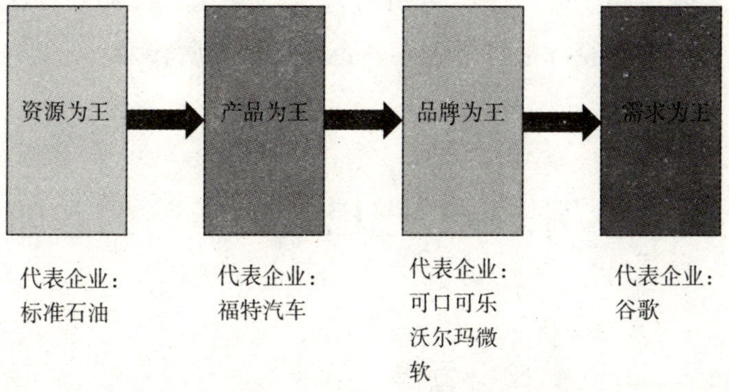

图 1－5　企业核心竞争力的变迁

让我们再看看过去200年来出现的这几个标志性的美国企业：标准石油、福特公司、可口可乐、沃尔玛、微软和Google，你是否和我一样，发现它们为从“资源为王”到“需求为王”的发展道路做了最好的注解？

同样，中国企业的核心竞争力也正在经历从“产品为王”到“品牌为王”再到“需求为王”的转变过程。在这一过程中，哪些企业可以创造“奇迹”，这些奇迹又是如何与经济环境的变化相契合的呢？中国的企业虽然起步较晚，但是在揣摩客户需求方面，中国企业从一开始就体现出强大的灵活性和适应能力。因而，对于“企业应该创造什么”这一根本命题，每一个成功的中国企业都给出了自己的回答，并把这种回答用业绩、用实践得以充分展示，这就是它们成功的根本原因。

正是因为我们处于这样一个伟大的转移过程中，作为经济社会中的构成单位——企业，必然也将转变一些沿袭已久的管理方法。今天的企业和昨天的企业将呈现出不同的特征。我可以从一个企业的人员规模、组织方式、前台布置、办公地点、品牌传播方法、提供给客户的产品形态或接听一个电话的反馈时间等最细节的方面，分辨出来这是属于哪一个“经济时代”的企业。实际上，这也说明了，要在今天的经济条件下生存，企业必须有所转变。

关联案例：阿里巴巴“神话”的基础

“免费”——“黏住”客户

阿里巴巴于2007年11月6日在香港上市。这是《阿里巴巴——马云的美丽新世界》开篇的第一句话。这也暗示着“一个神话诞生了”。从50万元人民币到市值超过200亿美元，这家“传统意义”上的“小企业”成了名副其实的宝库开启人。

一个神话的诞生肯定要引来大批的破解秘密的人，就像这家公司的名称一样，开启财富宝藏的那句咒语到底是什么？在哪里还可以用同样的咒语开启其他的宝库？无数探讨“阿里巴巴商业模式”的文章开始流传，虽然缔造这个“神话”的马云明确地说过：“能说出阿里巴巴模式的人，我就认为他们不是我的对手。”

或许还不到提炼的时候，我们能抓住的只是事实。阿里巴巴是从汇集信息起步的，打出的招牌是“免费”。

2003年，它只是一个小网站，所做的无非是将27个行业、700多个产品分类的供求信息汇集到一起。而“引诱”这些本来不是IT人士的小老板们提供信息的是这样一句广告语：全球最大的网上集贸市场。

2005年的时候，阿里巴巴每月页面浏览量已经超过4500万，信息库存买卖类商业机会信息达50万条。当一座“供给信息库”初步形成，需求者也被吸引过来了，这座虚拟的“网络义乌商城”开始有了“人气”。每天新增买卖信息超过3000条，每月有超过30万个询盘，平均每条买卖信息会得到四个反馈。

这种“免费”提供对你有用的信息然后把你“黏住”的过程，对于任何一个目睹了互联网时代到来的人来说都不陌生，而且，这个过程似乎是通行于互联网的“黄金规则”。阿里巴巴不是第一个遵循这一规则的网站，也不会是最后一个。

“诚信通”——新理念

“可信、亲切、简单”是马云给阿里巴巴提出的要求，为了达到这个要求，单是阿里巴巴的首页设计，就被马云否决了16稿，因为它们看起来不够简单。和简单、亲切这种界面要求相比，“可信”可能对任何要把网络商业化，或者任何想把网络推广为严肃应用的人来说，都是必须面对的颇有难度的要求，而就是在“可信”的要求下，出现了“诚信通”和后来的“支付宝”。

诚信通很快成为阿里巴巴的主要利润来源之一。2005年，独立记者郑作时通过调查发现：诚信通项目，对小企业的收费为2300元/年，会员数大约在十五万左右，那么这个项目的年收入就在三到四个亿。从“免费”走向“收费”这个惊险的跳跃，无数网站曾经在这个跳跃中倒下，而阿里巴巴则以轻松的方式跃过。

当然，现在人们可以拿出paypal（全球最大的在线支付企业）、ebay的诚信体系来证明：无论是收会员费还是提供诚信信息，无论是做在线支付的第三方还是积小成大做“推广”，这些创意都是从别人那里“拿来”的。不过，即便如此，阿里巴巴的另外一个口号“让天下没有难做的生意”。这一口号后面暗含的道理是“通过帮助每个人，每个人就会帮助我”。

关于这个道理郑记者是这么表述的：阿里巴巴经营的项目都是“一等产业”，即帮助客户赚钱的项目，在客户赚钱的前提下（互联网研究所的一份报告指出：阿里巴巴的会员中有90%以上认为阿里巴巴网站有用，来自阿里巴巴的数据也表明它的两个营收项目——无论是中国供应商还是诚信通的客户，每年都有70%以上的续签率），阿里巴巴的利润率接近50%。

阿里巴巴还可以在同样的指导思想下发掘出更多的“利润点”，只要它提供的服务的确能够给买卖双方带来价值，只要它证明了信任阿里巴巴能够获得回报，它的咒语就会持续有效。阿里巴巴创造的这些“利润点”和过去的产品策略或品牌策略不同。

首先，它是“大小通吃”的，而不是像过去那样必须得依据某些指标对需求“抓大放小”。

大企业需要了解交易伙伴的诚信档案，小企业也同样需要，每一个“用户”都需要，不分时间、地点、规模，这就意味着不会面临需求极限的障碍。

1999年3月10日阿里巴巴从零信息、零会员起步，2个月后，其中英文网站注册会员突破1万名，会员总数超过2万，6个月后会员突破8万名。2001年达到100万名，2007年上市时会员数超过1000万。这是个呈几何级数增长的需求曲线。

其次，也是最神奇的地方，与需求半径的疯狂扩张不匹配的是非常稳定、缓慢增长的成本。既没有“产品策略”要拼规模而不断进行的产能扩张压力，也没有“品牌策略”要扩大市场份额而必须追加的品牌投入。

诚信通的会员人数是15万，但阿里巴巴投入的销售人力却只有几百人。从中我们可以清楚地看到从面对面的销售方式到不见面的电话销售方式，阿里巴巴投入的资源不是增多而是在减少。

这也可以从诚信通现在的销售过程可见一斑：在阿里巴巴的大厅里，几百个诚信通的电话销售员在不停地打着销售电话，而他们所用的电话号码资源来自于阿里巴巴六百万免费会员数据库——每天早上，销售员的电脑里已经装满了昨天晚上服务器自动生成和分配好的电话号码，他们一天的工作就是把这些电话号码打完，并根据客户的反应做上相应的记号。

这些记号意味着接到电话的客户会得到相应的处理：如果客户表示愿意成为付费的诚信通会员，那么接下来的工作会转到服务部，由专业的服务人员指导客户如何递交材料、签单、付款；如果客户表示不愿意成为诚信通会员，那么数据库会重新保存这个客户的数据；如果对方犹豫不决，那么数据库会在一段时间后自动提醒销售员去做回访，询问他的决定有没有变化。

“即使这样，我们认为这个项目还远远没有达到理想状态。诚信通的理想状态是不需要销售，而这将会在诚信通会员已经成为一种趋势以后出现。假使使用阿里巴巴诚信通会员的商人占到中国商人总数的10%，诚信通就是一张通行证。想进入诚信通会员的行列就必须持有这个通行证，没有这张通行证，所有诚信通商圈里的人都会用一种奇怪的眼光看待新来者：他为什么没有这张通行证？要么他害怕别人对他的诚信程度进行评价，要么他付不起每年2300元的年费。

而这两者都是一个商人所必须具有的，前者代表诚信、后者代表最起码的资金能力。没有这两种资质的商人是进不了这个圈子的。到时候，诚信通的销售才真正进入了理想状态。它会像滚雪球一样迅速地增大。”一个参加诚信通设计的阿里巴巴高层人员这样说。

专注于汇集需求，为会员提供最好的服务。将IT技术的集约化、即时性和低成本发挥到极致，并使其好处惠及每一个用户，这就是阿里巴巴“神话”的基础。

在“神话”的背后，我们看到的是新公司和新理念，而且，伴随着新公司的成长肯定会遇到前所未有的挑战，这也是让我们对未来最为着迷的地方。

立刻行动：评测你所在行业的“丰饶度”

在石油资源日趋紧张的21世纪，讨论丰饶社会的到来必然会引起争议。的确，只有在各个领域内的资源瓶颈都被攻破之后，整体的丰饶社会才会出现。从近200年来科技的长足进步来看，我们有理由保持乐观心态，但我们更期待看到某些关键技术的突破并投入到应用中，尤其是那些不可再生的资源是否能找到替代品。资源的丰富性是逐步出现的，不同的环境适用不同的规则。

要了解你的行业距离丰饶社会还有多远，拿起笔，做一个小小的选择题测试吧！

1. 你的行业中同类产品的种类

①100 种以内；

②在 100～10000 种之间；

③上万种。

2. 你的行业中爆发价格战的概率

①很大，基本上每年都有，一旦一个厂家发起，必定有跟随降价者；

②相当可能，三年之内一定会有一次价格战；

③比较可能，没有特定的周期，三年内可能有厂家发起；

④基本不会。

3. 你的行业中进行广告宣传的投入力度

①非常大，50% 以上的营销成本要用于大规模广告；

②比较大，占营销成本的 30%～50%；

③一般，占营销成本的 10%～30%；

④不算大，占营销成本的 10% 以内。

4. 你的行业应用新技术的目的（可以多选）

①降低成本；

②改进产品或服务的功效；

③实现标准化；

④发明新产品。

5. 你的行业中大型企业和中小型企业的比例格局

①行业前三甲的企业垄断 80% 以上的市场份额，中型企业不多，小型企业专注于“小众市场”；

②行业前三甲占据50%左右的市场份额，存在中等规模的企业，有新的行业加入者；

③行业中前三名企业的排名还不稳定，有大量的中小企业，新的行业加入者很多。

6. 你的行业中人员流动的速度

①不算快，有的企业中有30%的是"终生雇员"，通常行业从业者不会到别的行业中工作；

②一般，行业从业人员主要在竞争企业中互相"跳槽"，行业从业者较少到别的行业中工作；

③很快，不断有"非本行"的人员加入，也会有人离开这个行业加入其他行业。

7. 你的行业中，上下游之间是否为跨国合作

①是的，而且已经是行业惯例，基本上已经形成了跨国的、上下游的、固定的供应格局；

②有跨国合作的现象，但多集中在行业前三名的企业，其他中小企业主要在本地、国内寻找合作伙伴；

③无所谓地域界限，可以跨国也可以不跨国，合作关系经常变动。

8. 你的行业中，上下游之间的利润率是否随时间而发生大的波动

①没有，基本上供应链的每个环节的利润率都保持不变，很难有大的变化；

②近期开始出现波动，通常是靠近客户的一端会受竞争压力的影响而降低利润率，然后逐渐向上游传导；

③会出现较大的变动，各个环节曾有的利润率在几年之间迅速降低，然后整个供应链上的合作都要重新调整分配才能生存。

9. 你的行业进入门槛

①很高，必须要有大量的资金或资源投入，否则不可能在行业中有立足之地；

②一般，有行业壁垒，但比资源型企业（如石油、矿山等企业）要低得多；

③比较低，不需要特别的资源就可以加入。

10. 你的行业对国家有战略意义吗？从全球来看，这个行业是市场化的经营，还是政府垄断经营

①有，政府会进行行业干预，部分国家仍然是政府垄断经营；

②有一些，但主要为市场化经营，少有政府垄断的经营；

③基本没有，全部是市场化的经营。

评测结果如下。

1. 有5个以上的①

你的行业成长性不高，行业格局基本稳定（市场份额通常不会发生大幅的变动），利润率也基本固定。你的行业很可能已经达到了“丰饶”的边缘，这意味着模式的创新很可能会在你的行业产生天翻地覆的变化，你需要保持对模式创新的敏感才不至于陷入成本竞争和微利的红海。政府垄断不会一直帮助你的行业，新的竞争将以前所未有的方式出现，未来的竞争对手并不是当前和你拼价格的企业。

2. 有3个以下的①，4个以上的③、④

你在一个高成长的新行业中，已经跨入了“丰饶社会”，机会似乎无处不在，最后的胜利者现在还不好确定，可以肯定的是创新的思路将帮助你更快地建立起“竞争优势”，那些还未能跟上变化形势的企业，即使他们可能是过去的“大企业”，也会被超越。

3. 有3个以下的①，3个以下的③、④

你的行业还处在总成本领先战略可以发挥优势的阶段，在这时，只要你能迅速扩大规模，比竞争对手更快、更好、更便宜地提供产品和服务，你就能成为行业的“领头羊”。

本章小结

本章提出了“资源稀缺”的经济大前提正在发生变化。随着对资源的利用效率的提升，经济运行的规则从根本上改变了。这要求企业重新思考如何构建核心竞争力。本章把“从产品出发”的经营思路比拟为“地心说”，在过去产品匮乏的大环境下看起来是对的。但交换必须是供应和需求的匹配，随着需求方的决定权越来越大，“资源为王”逐渐演变成“产品为王”，之后变成“品牌为王”，而在“需求为王”的时代，企业是否能够提供个性化的服务才是实现企业价值的保证。

[转变1]

从“财务资产”到“客户资产”

在中国，很多的企业管理者还是习惯于成本控制、产品生命周期延长、质量监控、营销整合、渠道建设、贴牌代工等方式。企业要求转型、“上台阶”的迫切心态已经一览无遗，但是如何上这个台阶？如何不重复犯错，不继续扩大过剩产能？

问题出在哪里？改变已经到来，但是整个商业环境还没有找到合适的“新指标”来反映这一点。会计报表已经不是判断企业价值最合适的指标了，必须将“需求为王”的观念引进到新的“企业指标”中。

第5节　错误的会计报表

当多数行业接近为“丰饶行业”的时候，企业面临的首要任务不再是提高生产能力，而是锁定需求。在这个前提下，会计报表已经不是判断企业价值最合适的参考资料了。

一　新经济破茧重生

安然，这个在15年之内成为雄踞世界的第一大能源交易商，曾被认为是新经济时代传统产业发展的典范，有着良好的创新机制。但是，这一切不过是由会计报表和审计公司的贪婪而制造出的“幻象”。安然虚报的能源储备让它外表光鲜、账面富贵，这则美国历史上最大的“会计丑闻”甚至动摇了美国企业界一向视为最完善的会计准则公告的信任度。

而安达信会计师事务所，这个世界第五的会计师事务所，也因为安然丑闻而一朝消亡。安达信作为安然公司财务报告的审计者，既没审计出安然虚报利润，也没发现其巨额债务。直到2001年第一季度，安然的股票仍在上涨。而安然在两个月内就创下了美国历史上最大的破产案，分析家称其成功和败落都是“互联网速度”。

环球电讯成立仅仅5年就成为美国电信业的巨头，曾被认为是“以光速致富”的新经济典型代表，衰败起来同样也是“以光的速度”。

安然和环球电讯分别创下了美国历史上第一和第四大破产纪录。更值得深究的是，这些大企业在破产前夕仍然看起来“运转良好”，无论是从股票价值，还是从会计报表上都没有出现大的危机。

过去，只要遵守“总成本领先”的策略，利用举债而扩大生产能力，只要能与以低价冲开的市场份额相匹配，就有可能扭亏为盈。用客户的钱还掉贷款，企业就能走出危机，而且生产能力还会得到大幅的提升，再次巩固竞争地位。但是，美国的“经济气候”骤变，抵御风险准备不足，安然和环球电讯只好走上破产之路。

作为“后来者”，我们需要反思的还不仅仅是这些美国大企业在破产中做出的错误决策，更要警惕作为长期奉为圭臬的价值指针，比如会计报表、账面资产为什么不能为投资人、决策者提供足够的指向和预警？

二　新经济需要“新指标”

在中国，很多的企业管理者还是习惯于成本控制、产品生命周期延长、质量监控、营销整合、渠道建设、贴牌代工等方式。企业要求转型、“上台阶”的迫切心态已经一览无遗，但是如何上这个台阶？如何不重复犯错，不继续扩大过剩产能？中国的管理者也在寻找答案。

问题出在哪里？改变已经到来，但是整个商业环境还没有找到合适的“新指标”来反映这一点。经济社会中最常用的那些指标，那些已经被熟知并默认可以昭示变化的“指数”其实已经落伍了。即使我们看到的是一个还在按旧规则运转的经济生态环境，也不意味着它和原来一样。在所有的经验性指标中，会计报表可能是沿袭使用最久、也是最落伍的一个。

多年来，资本市场对企业财务报表数据的披露有着严格的要求。

财务数据一向是用来计算企业价值的重要指针。以美国为例，公认的会计原则（GAPP）对上市企业要定期公布的财务数据，这些财务数据的计算方法都有着详细的规定。在会计报表中，资产负债表是很重要的一张报表。它的栏目分为两列，左边是资产部分，右边是负债和所有者权益部分。所有被认定为“企业所有的财富”，例如流动资金、存货、固定资产都会列在该表的左侧，而企业的债务、应付款项等则是负债部分的构成，右下侧则是企业的所有者权益。

这样的一张表能告诉你什么呢？它就像是某个企业在某个时间点拍的“照片”。按照会计原理，只要把企业的资产和负债列清楚，利用

企业资产＝企业负债＋所有者权益

这个会计基本等式，就可以计算出企业的价值。所有者权益是用来衡量企业价值的数值表现。尤其是资本公积中的“资本溢价”部分，就是投资者得到的当前回报。但是，企业价值的确是由表中的资产和负债决定的吗？

在资产负债表中，资产的部分的确记录了企业的每一张桌子、每一支笔、每一台设备的折价，也计算了当前的流动资产，这些都是企业的内部要素。对企业的“外部要素”，则只有“无形资产”这项模糊的概念（这还是我们进入了“品牌时代”才被加上的，而且至今为止它的估算方法也无公论）。在这张表上，未来的客户不是企业资产，客户的忠诚也不是企业资产，客户的口碑推荐能力也不是企业资产。

同样，在负债的部分，更多反映的是企业对员工和债权人的承诺，为了挽留客户而必须投入的花费是不是一种负债呢？客户对企业的负面评价是不是负债呢？代理商的离去是不是负债呢？如果我们归纳一下会计报表中的各项，可以发现，会计报表其实是围绕着“生产”来“合并同类项”的，所以它会特别强调生产的三大要素：

设备、员工和资金。

好好考虑一下为什么“存货”这一项出现在“资产方”，它背后的逻辑是：生产出来的货物一定能被销售掉，所以它们在没有被卖掉之前就是企业的“资产”，而且随时可以变现。但是，这个前提在“需求为王”的时代是不存在的。这就是为什么当某些企业在审计的压力下，不得不把存货价值按照市场价值（可能被交换出去的价值），而不是生产价值（按照存货数量乘以企业的自定价计算出来的账面价值）进行调整的时候，这种销账可以马上让一个昨天账面上还不错的企业今天就能破产。

破产的原因很简单，你生产出来的东西不符合需求，就是废品。可是，这么大的风险除了靠某个还不糊涂的审计员提出疑问外，会计报表本身是反映不出来的！这还不能证明会计报表的局限性吗？

当然，会计学的好处是让不同行业中的企业都有了同样的标杆，让资本可以进行比较。所有的企业都可以转化成货币可衡量的价值，这一点无疑很重要，这样不同行业的企业才能进行评估，才能完成企业间的比较，企业买卖（收购和兼并）才能发生，资本才可以在不同的企业间进行回报分析。会计报表在企业发展的历程上，至今为止，都发挥着极其重要的作用。

但是，按照会计理论，如果软件企业A和外贸企业B有同样多的桌椅和员工，工资也一样，现金流也一样，都没有负债，那么这两个企业的所有者权益就应当相同。现在，如果我告诉你这个软件企业A其实是Google；而外贸企业B是中东的阿卜杜拉国际贸易公司，而且由于政治原因，可怜的阿卜杜拉公司已经三个月无法联络到任何一个客户了，请问这两个企业谁更有价值？

三 为什么用会计学衡量企业价值会有偏差

我们用以衡量企业价值的计算方法其实是有偏差的，问题出在哪里呢？

（一）会计学只能计算过去发生的数据，却无法预测未来

会计之所以能给出数据，是因为这些数据是“现有的”或“发生过的”。比如，企业的流动资金，这个数值可以通过查询企业账户上的金额得到。如果昨天的客户付款了，账户上就会有数值体现。但是企业明天的客户在哪里？他们会不会按时付款？这些问题是会计无法回答的。而资本看中的是企业的未来价值，企业真正的价值应该是企业未来的赢利能力在当前的折现。

当我们用过去的数据来预测未来的时候，我们实际上做了一个**重要的假设：企业过去的赢利能力是可以在未来被复制的。这种能力没有降低，也没有提升，它刚好和曾经发生过的一样。**

只有在这种条件下，这些过去的数据才有参考意义。稍微了解常识的人就会知道——这个假设其实是站不住脚的。企业的管理者早就知道这个秘密，所以他们会把重要的签单、成本的缩减等“利好”消息尽量控制在发布年度报告之前一点的时间，这样就可以把“期初”和“期末”的对比放大到最大限度。而这种“放大”在计算未来的企业价值的时候，又会被重复累计，因此具有了“乘法效应”。有时就靠这样的放大决定了企业能否得到或追加投资，或者企业的管理者是否应当“下课”。

从自身利益角度考虑，企业管理者这样做不是不诚实，只是“合法的粉饰”。我们得承认，这种数字游戏是今天的CEO必须知道并熟练掌握的常识，这不是CEO的错误，而是我们的资本市场选择

了一个错误的“风向标”。

（二）会计学着眼于企业内部的可操控的要素，而不是那些企业外部随时变化的要素

会计可以得到的数据通常是那些企业内部的、能够被管理者直接掌握的数字，这些数字来源于企业内部，只要统计一下就能得到。但是，像客户、合作伙伴、竞争对手、交易环境、甚至成本的变化，都不包括在会计科目中。

企业未来的赢利能力恰恰更容易被这些“外部因素”影响，这些指标的缺失注定了会计数据在判断投资方面是缺乏参考价值的。同样，会计的这个弱点也被企业管理者发现了。当他们无法准确判断外部因素或做出错误的决定的时候，最常用的挽救方法就是改变自己可以掌握的内部要素——例如，员工的数量。在快要发布年度报告的时候，如果情况看起来不妙，至少 CEO 们可以决定裁员。这个消息一定会被视为“利好”，可以帮助股票的坚挺。

假如公司本身有着合理的薪酬体系和奖惩制度，那么企业当前所雇佣的员工，就应该是经历了岗位的“优胜劣汰”而保留下来的“合格员工”。恰恰是因为 CEO 未能做对决定，错误地判断了外部因素而让企业的收入下滑，他们才是不合格的。裁员是管理者最容易想到的内部控制方法，而且员工数量的减少可以直接影响到资产负债表上的多个项目，同样有着“乘法效应”，为了能快速地“粉饰”会计报表，“不合格”的员工利用职权炒掉了“合格员工”，保住了自己的“饭碗”。这就是会计的计算方式为企业管理带来的讽刺性结果。

四 “需求为王”时代会计报表不奏效

你也许会反驳道：除了资产负债表，现金流量表和收入损益表也是会计的重要报表。在这两张报表中，外部因素的影响会体现在会计数值上，企业的现金流量的减少、收入的下降都是从会计数据体现出来的。这一点没错，但是会计数据还是过去式的，也就是说，当外部因素发生变化，当管理者已经做出决策，当决策的效果已经出现以后，会计数据才会有所反应。

我们从会计报表上来看，在“产品为王”的时代为什么“总成本领先策略”那么容易受到青睐，而在“需求为王”的时代为什么就失效了？

在会计报表中，收入是一个总值，只看会计数据的话，你不会知道收入上升的原因是什么。当决策者打算利用规模效应降低成本、扩大产能的时候，他的逻辑是：

收入 = 单价 × 产量

产量增加，即使单价有所下降，只要下降的幅度不大，两者的乘积——收入就会体现出增长，而且产量的增加会带来单位成本的降低。

成本 = 单位成本 × 产量

当单位成本降低，即使产量增加，总成本也可能下降或保持当前水平。也就是说，当规模扩大带来的单位成本的下降超过了在销售时候的“价格战”让利，企业就是赢利的。在这样的逻辑下，规模门槛无疑是每个企业都要追求的，谁先跨过了规模门槛谁就可以回过头来挥舞价格屠刀，即使降价会让整个行业的利润受损，规模最大的生产商也一定是最后倒下的。

但是，如果产量的增加已经超过了市场的当前需求，产量不能和销量划上等号，那么产量的增加就无法按预期降低单位成本（甚至彩电行业价格大战时，上游彩色显像管供应商反而趁机提高价格），这种“总成本领先”的战略就会为企业带来灾难性的打击。这时，“存货”就不再是“流动资产”了。有职业道德的会计或审计者会把“存货”价值直接减掉，然后，破产发生了。

有时候，可能是毫无征兆地，企业的赢利变得不再像昨天那样可重复。某个中小银行的倒闭引起的社会恐慌有时足以让整个经济链条崩溃，一瞬间所有预期的：

产量 = 销量

都不再成立。你可以说这是交易环境的问题，在会计报表上你看不出有任何差错，但是企业的价值已经大幅缩水。你遇到了经济危机。

所有这些都说明了：当多数行业接近为“丰饶行业”的时候，企业面临的首要任务不再是提高生产能力，而是锁定需求。在这个前提下，会计报表已经不是判断企业价值最合适的参考资料了。

第6节　客户资产负债表

真正的“客户管理”是指确立“以客户为中心”的战略管理，知道企业今天和未来的资产增长从何处来，投入几何。

一　企业“新指标”

对经济前提发生了改变这一点最为敏感的应该是投资人。从20

世纪80年代起，为了能够预测投资回报，华尔街先后寻找了多个能够部分矫正或替代“会计报表”的“投资指标”，从市场占有率到网页点击率不胜枚举。而这些指标虽然在某一时期看起来有效，但它们始终不能经受长时间的检验。

我们试一试将“需求为王”的观念引进到新的“企业指标”中，其中最关键的就是利用会计报表的量化原则对“需求”的来源和成本进行分析。我们将这种分析归纳为客户资产负债表。

在这张客户资产负债表上，客户资产的部分是企业能够获得的当前和未来客户的消费能力；客户负债的部分是企业需要用之于客户的所有投入；企业权益的部分就是真正的“企业价值”。

二 客户资产负债表的组成

（一）客户资产构成

企业当前即将获得的客户往往已经进入了管理者的视野，可以由销售经理估算出来，它反映为企业在某个时间段（如本季度内）预期达到的销售额。

1. 对于快速消费品来说

当前客户就是那些准备在货架上拿下“这一个”的顾客，他们的需求在消费之前就十分明确，并且已经接受了本品牌，认为商品的价格、定位都适合自己，当他们能够在消费场所发现“这一个”的时候，购买行为就会自然而然地发生。

2. 对于项目经理来说

当前客户是那些已经经过了认知、接触阶段的客户。即将进入到商务磋商的销售机会，将这些项目预期剔除掉“丢单率”决定的失败机会，就是企业即将获得的客户资产。

3. 对于具有长远“客户战略”眼光的企业家来说

当前客户价值只能保证企业今天或明天的业绩，后天的业绩、未来的客户在哪里呢？企业可以利用“客户成长曲线”分析什么样的目标群体是将来的“消费主力”，把眼光投向培养“未来的中坚客户”。

IBM有专门的机构——IBM VC，去寻找那些成长很快的企业。这些高成长的企业往往需要在短期内更换原有系统，它们是IBM产品的“未来消费者”，IBM VC利用投资回报的方式让今天的“小企业”能够以低成本负担得起“大系统”，并在未来分享这些客户的成功。

带头推出“学生信用卡”的招商银行也明确表示，并非看中高校学生当前的借贷和还款能力，而是要锁定未来的“中产阶级”。全国225家重点高校正是这些未来消费主力的集中地。让他们的人生第一张信用卡与招商银行联系在一起，当他们成为职业人士时，才会成为“未来客户资产”。

4. 一部分企业对于挖掘客户潜力有着独到的见解

如果客户总量的增长是受限的，但每个客户的消费潜力还有增长的余地，那么，发掘客户的关联价值就是重点。

汽车消费是每个家庭的重大开支，不可能像快速消费品一样迅速、重复购买，也不大可能同时购买多部车，但是与汽车有关的内饰、导航、保养、保险等关联消费有很大的潜力。在“欲购”和“已购”客户中通过准确的定位、适当的信息沟通和服务式营销，能够探索到更大的“客户潜力”，类似的方法被称为交叉销售与向上销售，已经被许多行业采用。如家电行业的“以旧换新”活动，超市里的关联商品摆放，各种高科技产品的配套附件……

忠诚客户的持续消费也能带来业绩的稳定增长。在连续性的消费中，只要客户不变更供应商，就会有源源不断的“价值贡献”，以金融方式来计算，这种稳定的未来收益在当前的折现往往是最大的。因此，要不断思考如何提升客户的忠诚度。在这种实践中，会员积分成为很多行业采用的激励方式。无论是航空里程积分，还是手机消费积分，都将客户的累计消费作为激励指标，按照累计消费进行客户分类，并对VIP客户实行差异化客户服务，期望留住最有价值的忠诚客户。

5. 客户之间的推荐形成口碑效应

母婴群体是比较特殊的群体，她们有着类似的消费需求，她们能够形成自发的“社区”，她们之间的口口相传可以快速传播产品和服务信息。通过“同类客户”之间的互相推荐，能挖掘到更多的“客户资产”。母婴用品公司——葆婴有限公司就利用这种方法取得了市场成功。中国市场上最成功的直销企业安利，把客户推荐和销售激励直接挂钩，创造了惊人的市场规模。

（二）客户负债构成

在这张“客户资产负债表”上，除了当前和未来客户的资产，也有“客户负债”。我们可以把对当前客户的服务承诺作为“客户负债”。企业需要对“新客户”提供高质量的产品，并投入足够的服务关怀，才能将“当前客户”培养成未来的“忠诚客户”。让他们不仅贡献当前价值，还要持续贡献“潜在价值”。

“客户负债”的另外一个部分是为了培育和巩固客户而需要进行的未来投资。例如，品牌投资、前期客户联络费用和流失客户的挽留费用。如果说在“客户资产”的部分，企业要做的是不断地扩大和挖掘，那么在“客户负债”的部分，企业就要选择最经济、最有效的方法将“好钢用在刀刃上”。科技的发展使许多行业从“精准营销”中获益。无论是通过电话呼叫中心、网络点击式广告投放，还是直接邮寄、活动会议营销，今天，如果能准确地定位目标客户，精准地获得他们的信息，就可以采用最经济、最直接能够打动客户的方法与他们沟通，这是减少“客户负债”的最好方法。

在“客户负债”的部分，还有一些投入是必须的，比如对流失客户的挽留。很多企业无法探知到客户的流失，在“客户资产负债表”上就出现“客户资产增长”和“客户资产流失”同时上扬的情形。

为了降低投诉率做出的种种改善：重新培训的企业员工、为投诉客户提供额外的待遇以平息他们的怒火。如果你没有计划这部分的成本，你可能会遭遇由某一次突发的客户事件而引发的“公关危机”。

即使是像宝洁这样的营销专家也在近年来遭遇了“SK Ⅱ”事件，丧失了一部分消费者。近年来，越来越多的企业发现对“产品的召回”有时是必要的。汽车企业、家具企业、电子消费品企业、个人护理产品企业……我们能举出不少进行过产品召回的厂家。企业在产品召回上的投入加大的不是产品的成本，因为那时产品已经交换出去了，回收的产品无法重新估价再次销售，这实际上是对将要发生的“流失客户”的挽留成本。如果召回产品也不能留住客户的心、重建信任关系的话，那么厂家就不得不做出更大的让步。

（三）客户资产负债表的重要性

你也许会质疑为什么客户资产和客户负债就能决定企业的价值，难道产品创新、生产成本压缩、竞争对手的失误、寻找到强有力的合作伙伴……这些因素就不会影响企业价值吗？答案是它们当然会，但是其他的因素要起作用，最后仍然要体现在客户资产或者客户负债的变化上。

交换行为的终结点在客户一方，而不在于产品、供应商、竞争对手……因此，所有的改变最后都要以客户是否“埋单”才算“尘埃落定”。当企业把大量投资放到新产品的研发中，隐含的逻辑是新产品一定在技术上、性能上更容易得到客户的认可，在满足需求方面也可以轻而易举地得到更多客户的认可。不过，花重金研究出来的“新产品”并没有达到这个效果的例子也比比皆是。

通常来说，粗放管理的企业往往无法清晰地勾画出完整的“客户资产负债表”。企业唯一可查的客户数据是财务保留的客户名称和账号，而对下表（表2－1）的各个项目虽有心了解，却无处获得信息。这样的企业往往还停留在靠生产能力、垄断、人际资源等不可复制、不可预期的“传统优势”上，它们的客户正在被其他对手抢走。

真正的“客户管理”是指确立“以客户为中心的”战略管理，知道企业今天和未来的资产增长从何处来，投入几何。您可以对比下表（表2－1），考查一下本企业中的“客户资产”是否会按预期增长，同时也为自己的“客户管理”评分。

表 2-1　客户资产负债表

客户资产负债表	
客户资产构成	客户负债构成
当前客户资产 （即将获得的客户及其消费的折现）	当前客户负债 （对现有客户的产品和服务的提供）
未来客户资产 （未来将获得的客户及其消费的折现） ●对未来客户的培育和获取 ●当前客户转化为“忠诚客户”后的持续消费 ●当前客户的推荐造成的群体效应 ●当前客户的关联消费	未来客户负债 （为了获得未来客户需要的投入） ●寻找和影响未来客户的投入 ●持续保持客户的投入 ●挽留流失客户的投入 ●鼓励关联消费和推荐的投入 企业权益 体现企业的市场价值

关联案例：环球电讯——不要忘记持续经营的前提

失败经过

2002 年 1 月 28 日，环球电讯公司花费五年时间和 150 亿美元，在全球范围内建立了高速互联网和电话网络，但仍然避免不了破产的命运。在“互联网高速时代”到来的时候，很多公司都梦想着用跨洲、跨海的光纤电缆传输网络数据来迅速致富，但顾客飞奔而至、充满光纤高速路的情况没有出现，空线太多了。

一个十分伟大的想法——运营商买卖未来的登录权以满足预期的客户需要——变成了满足自己的相互交换，而且以自己奇特的方式记账。后来的破产清算说明，环球电讯并未发生贪污或公司黑幕，企业把所有投资人的资金都投入到了光纤铺设中，但预期的客户消费没有（及时）到来。

和环球电讯一同倒下的还有欧洲最大的互联网公司——荷兰奎斯特电信公司，它是环球电讯在欧洲最大的合作伙伴，也是欧洲最大的数据网络服务供应商，该公司的数据网络业务几乎占据了欧洲互联网市场50%的份额。奎斯特电信公司在全盛期曾拥有417亿美元以上的市场资本，经营范围遍布18个国家，网络长达2.5万公里，是欧洲最大的光纤网络公司。环球电讯和奎斯特电信公司相互之间交换线路，利用这一点在双方的会计报表上制造“收入”，并得到了审计公司安达信的认可。这种方法阻碍了投资人更早发现企业出现的问题。

需求分析

关于“网络效应”的最早失败案例可以追溯到“铁路时代”，那一次的泡沫破裂造成了1857年第一次“全球经济危机”。关于网络效应，最简单的解释是某些新事物只有在形成了“网络”之后，需求才能被发掘出来。

当世界上只有一条铁轨，人们只能从A地到B地的时候，A地和B地可以受惠的所有客户需求的总和都不足以支持这条铁轨的造价。如果只看这一点，世界上就不应该有铁路。但是，当企业投下巨资，当铁路形成“交通网”以后，工业化大生产的规模—成本效应就体现出来了，同时旅客可以选择的目的地也增多了，几乎所有的旅客都可以利用这个网络到达自己的目的地。这样，客户的需求才能被激发出来，这时按成型的“需求网络”来计算铺设铁轨的投资回报方案就有了可行性。

遗憾的是150年过去了，我们仍然无法阻止冒险者陷入“巨大投资—需求不足—破产”的循环。倒是破产之后，以低价收购了这些网络的“后来人”有可能看到繁荣的一天。英特尔公司创立者之一安德鲁·格罗夫在《连线》杂志中对这一现象的评价是：“网络公司把自己扔到篝火上烤，但却点燃了更旺的火焰。”

客户价值分析

从现在的经验来看，建造网络是可以带来未来客户价值的，而且价值必须在便宜的、方便的网络成为现实之后才能体现出来。在砸下巨资搭建好这样一个“网络”之后，未来的“客户负债”就可以忽略不计，正向的“客户资产”才会逐步增加。但是，多数企业可能在没有等到这一天到来的时候就不得不申请破产。这提醒我们：在使用客户价值分析的时候，还要记住关于“持续经营”的企业管理前提。

第7节　量化管理客户资产

立刻开始着手建立或者丰富你的“客户卡片”，即使是从雏形开始，经过几年的积累，你也会有希望了解未来的客户资产。这种积累过程并没有你想象中的漫长，只是需要你比竞争对手早一些。

一　制作客户资产负债表难度大

华尔街无疑是希望看到客户资产负债表的。如果条件成熟，能够像资产负债表那样定期公布，将对资本市场产生巨大的影响。现在，你没有看到这样的新规定是因为这种报表不仅仅是内部数据的汇总，要得到这样的报表，你需要大量的外部数据，精确到每个客户的生命周期分析和客户获取成本的数据。

对于那些有着大量客户的企业来说，例如商业银行、电信、航空、零售业等领域的企业，仅仅是客户的数量就达到亿级，每天这些数字还发生着变动；为了进行消费预测，你还需要所有客户的交易信息、从每个客户接触点获得的交往信息的汇总，根据数学模型进行预测，这些都需要计算机的帮助才能得以分析。

正是由于这些原因：（1）缺乏数据源；（2）难以及时追踪；（3）没有精确预测的方法；（4）缺乏适合的快速实现的工具。这些限制，让着手建立客户资产负债表的想法停留在理论阶段。

同时，也因为缺乏数据支持，管理者在决定是否应该推出一项客户忠诚计划，或者衡量广告的投入产出比的时候，只能凭经验。“曾经有人做过”、“过去的效果还好”，就可以成为决策的理由。但是，随着企业管理者意识到管理重心的转移，选择再以“粉饰”会计报表获得投资的可能性逐渐下降，业界已经有了更多的关于“续签率”、“客户流失率”、“消费频率”等衡量指标，同时，更多的管理实践者正在寻找新方法来量化管理客户资产，并以此进行真实的企业价值评估。

二 建立客户档案

很多管理者首先采用的方法是像过去登记“固定资产”那样，要求企业内部的各个岗位把能够接触到的每个客户、每一次联络的结果都分门别类地登记下来，收集有关客户的基础数据。结果他们发现，做好这项工作的意义比计算固定资产要大得多。

管理客户资产，第一步，需要创建客户档案。

（一）“企业客户”卡片

单个客户的信息在很多企业里被称为“客户卡片”。我们见过不少类似的“卡片”。原始的方法是手工或半手工地制作和维护这些“卡片”。下表（表2-2）是我们选取的一张真实的“客户卡片”。

表2-2　企业客户卡片

<table>
<tr><td colspan="2">客户名称：北京××装饰有限公司</td><td colspan="4">客户等级：★★★★
首次联络时间：1998-05-23
历史交易次数：3次
累计交易金额：46 965 938元，是第147位重要客户
服务好评：95%
上次联络时间：2006-10-16
目前客户经理：××</td></tr>
<tr><td>客户基本信息</td><td>地址：北京市××东街318号</td><td>电话：××</td><td>法人代表：××</td><td colspan="2">主要联络人：××
职务：采购部经理
手机：××</td></tr>
<tr><td>客户来源</td><td>招标信息</td><td colspan="2">媒体影响：《装潢世界》、《地产圈》行业推荐</td><td colspan="2">内部决策机制：部门经理负责制，50万元以上的采购项目需总经理审批</td></tr>
<tr><td rowspan="4">已购商品</td><td>1998年：××商城招标</td><td colspan="2">LG2984-X394</td><td>200</td><td>39, 900. 00</td></tr>
<tr><td>1999年：××广场招标</td><td colspan="2">FEG3948-I394</td><td>5000</td><td>3, 756, 995. 00</td></tr>
<tr><td>2001年：××大厦招标</td><td colspan="2">FEG3948-I394</td><td>3000</td><td>1, 934, 770. 00</td></tr>
<tr><td>2003年：设备更新维护服务费</td><td colspan="2">服务</td><td>36次</td><td>300, 000. 00</td></tr>
</table>

续表

已推荐客户	北京××地产有限公司 成都××地产咨询有限公司		配合媒体宣传
流失倾向分析	弱	服务关怀方式： 定期寄送杂志 每年免费检修服务	投诉次数：0次

这张“客户卡片”的设计能够体现出管理者是怎样看待一个客户的，需要哪些信息了解这个客户的价值。最基本的客户信息是“基础信息”和“已成交订单”。多数时候，这些信息是从财务的明细数据中整理得到的。

我们接触到不少“原生态”的客户管理者，曾经是财务经理。为了追踪会计数据后面的秘密，了解企业利润的来源，找到影响未来业绩的因素，管理者力图从会计科目中发掘出“客户项目”。这张卡片上的信息需要不同岗位的人员提供，然后汇总到这样一张描绘“客户全貌”的卡片上。

这张卡片的好处在于它勾勒出了比较完整的“生命曲线”，你可以一目了然地从卡片上了解到这个客户是如何获取的、交往过程、已经实现的价值，而且还能关注客户的潜在价值。这张卡片上的信息对不同岗位的员工都有用。管理者可以了解企业的“客户资产”；销售人员利用这张卡片，从“已购商品”中寻找是否有向上销售或交叉销售的机会；服务人员利用这张卡片可以了解该客户与本企业的联络历史、服务评价，设定下次关怀的时间，如果发现有流失的倾向，就会立即关注这个客户。

（二）“消费者客户”卡片

如果你认为上表（表2-2）的卡片只适合“企业客户”的话，

那么，下表（表2－3）是一张“个人客户”卡片。

表2－3 消费者客户卡片示例

<table>
<tr><td colspan="3">会员名：××</td><td colspan="5" rowspan="7">当前状态：○○●
会员资格激活时间：2000－07－14
累计消费：24583元，是第11207位重要客户
最近联络时间：2006－12－30
已实现客户价值：2623元
到2007－6－30预计实现价值15000元
已发生挽留成本：125元</td></tr>
<tr><td colspan="3">邮寄地址：上海市××路1188号××花园28楼601室
邮编：2000××</td></tr>
<tr><td colspan="3">固定电话：021－××</td></tr>
<tr><td colspan="3">手机：××</td></tr>
<tr><td colspan="3">电子邮件（＊）：××@163. com</td></tr>
<tr><td colspan="3">关联网上银行：招商银行
账号：××</td></tr>
<tr></tr>
<tr><td>楼宇广告投放</td><td>覆盖</td><td>杂志邮寄</td><td>覆盖</td><td>激活优惠券发放</td><td>已发放</td><td>已领取</td><td>总计获取成本：12元</td></tr>
<tr><td rowspan="4">已购产品</td><td>2000－7－15</td><td colspan="2">飞利浦咖啡壶</td><td colspan="2">199元</td><td>×1</td><td>199元</td></tr>
<tr><td>2001－1－16</td><td colspan="2">魔兽世界点卡</td><td colspan="2">38元</td><td>×2</td><td>76元</td></tr>
<tr><td>2001－3－14</td><td colspan="2">床品四件套</td><td colspan="2">148元</td><td>×1</td><td>148元</td></tr>
<tr><td>2002－4－18</td><td colspan="2">5.1优惠黄山游</td><td colspan="2">1100元</td><td>×2</td><td>2200元</td></tr>
<tr><td rowspan="3">优惠活动</td><td colspan="2">2000－7－15</td><td colspan="3">满100送10元优惠券</td><td colspan="2">20元</td></tr>
<tr><td colspan="2">2001－1－15</td><td colspan="3">5元红包任你领</td><td colspan="2">5元</td></tr>
<tr><td colspan="2">2002－4－10</td><td colspan="3">甜蜜蜜旅游大抽奖</td><td colspan="2">100元</td></tr>
<tr><td>流失倾向</td><td colspan="5">高</td><td colspan="2">挽留方式：优惠刺激</td></tr>
</table>

这张卡片展示出了单个客户的获取成本、历史交易、挽留成本等关键数据。

当你有着成千上万张这样的卡片的时候，你的客户资产负债表也就可以统计出来了。而且，在信息系统快速发展的今天，这种客户卡片可以与企业的业务流程相结合，利用信息系统来管理。

三 客户资产负债表的分析方法

当你的数据库里拥有大量的详细到每一个客户和他的每一次交易细节的数据时，你就可以利用以下的一些分析方法来获得你的“客户资产”和“客户负债”。这种分析被证明了能够有效地发现企业的管理盲点。如果你要评估一个有着“新模式”的企业，我们也推荐用下面的这些方法来检验一个企业是否具有成长性。

（一）客户生命周期

我们前面的单张的“客户卡片上”看到了“客户来源”、“已购商品”、“流失倾向”等不同的栏目，这些栏目体现的是客户走过的不同阶段，把这些阶段进行汇总抽象，得到的是完整的客户生命周期。

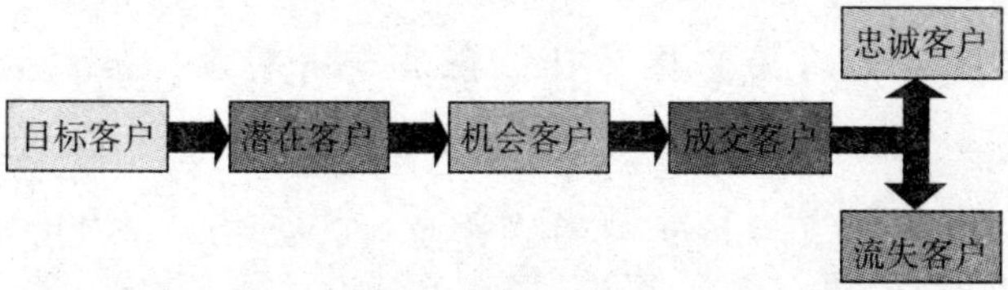

图2-1 客户生命周期

每个客户都要经历不同的阶段。很多时候成交客户之前的三种客户状态容易被混淆。

目标客户，是指经过分析满足你定义的“可能具有消费需求”的群体。具体到某个对象，他可能满足你的所有定义，但消费欲望还没有明确浮现，他还没有明确的需求。

我们试着来为一家微波炉制造企业分析一位客户的周期。

A 先生是保定市的一位公务员，月收入在 3000 元左右，单身，刚刚入职，他满足微波炉厂商定义的“目标客户”特征。但他自己可能还不认为他需要一个微波炉，他认为用煤油炉加热食物也很方便。这时他只是一名“目标客户”，还没有转变为“潜在客户”。

如果他去已婚的同事那里发现别人用微波炉很时尚、很方便，他开始了解这样的产品并接受了“微波食品很不错”的概念，这时他已经转变为潜在客户。他已经有了需求，但是由于价格或欲望还没有强烈到马上要买的程度，他还停留在这个阶段。

当他攒了一定的积蓄，准备结婚的时候，他和未婚妻认为“新家”要有先进的厨房家电，在购物单上列明了“微波炉”这一项，而且他们到家电卖场去查询价格，比较型号、品牌的时候，他已经成为一名“机会客户”。

最终他决定购买“格兰仕”微波炉并付款，他成为“格兰仕”的成交客户。

当“格兰仕”推出新型的微波炉时，他参加了“以旧换新”的活动，说明他对这个品牌很忠诚，是“忠诚客户”。

他如果一直没有再购买“格兰仕”的任何配套产品，甚至产品坏了以后他换了别的品牌的微波炉，那么他就是“格兰仕”的流失客户。

我们用这个例子来说明客户是如何经过“生命周期”的各个阶段的。这些阶段因为不同的销售方式，其具体过程可能不相同，这个周期可能短则几分钟，长则几年。但客户状态在整个周期中的变化却是十分相似的，也适合跨行业应用。通过网络下载付费 MP3 的客户可能从潜在客户到成交客户只需要几分钟；而要购买大型工程设备的客户，这个周期可能长达几年。

以聚类的方式来看，在任何一个时间点上，处于不同状态的客户有多少，和上一时期相比发生了哪些变化，这种分析是非常有必要的。它帮助你了解当前和未来的客户资产是否会按预期增长。可以把这样的聚类用下图来表示：

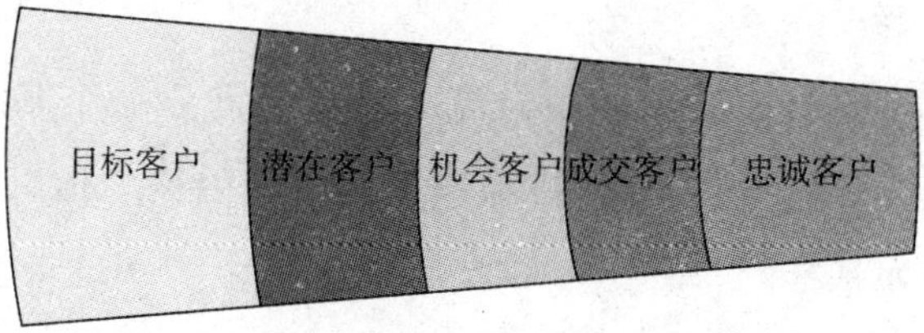

图2-2　客户生命周期聚类分析

图中的口径代表了每个阶段的客户数量的变化，通常在每个阶段都会有流失客户，所以口径是越来越小的。如果你能够随时考察你的企业上述每个客户阶段的当前数量，你就能发现是哪个阶段出现了问题，并且着重改善。

（二）客户终生价值

在客户的完整生命周期中，能够贡献给企业的价值就是客户的终生价值。用这种方式来衡量企业价值强调了企业未来业绩的连续性，而不是着眼于短期的销售。这个指标是把客户价值转化成公司价值的重要桥梁。计算客户终生价值的方式在学术界还不能完全统一，但是以下这些变量是越来越多的股票分析师同意的。

1. 获取成本

获取成本是指为了吸引一个新客户而花费的成本。通常的计算方式是将一段时期内的所有的市场活动经费均，摊到这个时期新增的客户数量上。如果你有专门的吸引新客户的促销手段，那么这项活动的费用基本上等同于获取成本。例如，银行为了发行新的信用卡所发生的费用，均摊到每一张激活的新卡上就是获取成本。

2. 流失率

流失率是指在一段时间内将会流失的客户百分比。流失率适用于有相对固定的、重复消费频率的行业。例如电信业，以一个月为统计周期就能获得流失率的变动曲线。

3. 折现率

和所有需要折现的未来现金流一样，你需要一个基本利率来计算净现值（NPV），这样才能排除通货膨胀的因素。你可以用当前的银行利率作为基准。

4. 保留成本

保留成本是指用来挽留客户所花费的成本，通常包括客户服务、特别促销费用等。

5. 时间周期

时间周期是指用来计算客户终生价值的时间。通常是1年，如果时间太长，就会有太多的因素发生变化，预计就不准了。

6. 周期性收入

周期性收入是指在一段时间内可获得的收益。

7. 利润率

利润率是指收益带来的利润水平。分为毛利润率和净利润率。

（三）预期收入

预期收入通常用来预测当前的客户资产。下图（图2－3）是我们利用项目型销售的流程，来预测当前的客户资产的示意图。在这种预测中常常会用到“销售漏斗”这种销售预期方法。假设项目机会都经过下图（图2－3）的四个阶段成为收益。

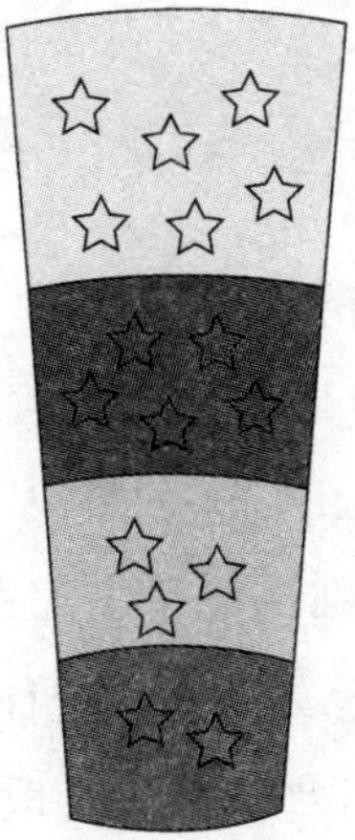

图 **2 –3**　销售漏斗

客户的接受过程通常是类似的、可预期的，销售漏斗将这些阶段固定下来。在不同时期，任何机会都会经历从第一阶段“漏到”第二阶段的过程，可以形象地表明这个机会的进展状况。在任何时间点，将所有的机会综合来看，销售漏斗的截面中是各个机会所处的不同阶段，利用概率的方法剔除失败的可能，就能够获得任何一个时期的当前客户资产。用这种方法进行的销售预测结果是比较准确的。

对于销售过程并不复杂的商品来说，例如快速消费品，常用的预测方式是“测试—投放”。例如，宝洁公司会选取目标人群，免费赠送某一特定的洗发水的试用装，然后跟踪这些获得赠品的人群中有多少人会实际拆包使用，又有多少人会到商场寻找同样的洗发水，以此确定“免费赠送试用装”的方法能够获得多少回馈。根据测试确定回报比，然后选择类似的目标人群进行大规模投放，同时为这项活动制定销售预期。

要获得量化的销售预期，市场研究和测试是必不可少的。测试的每个步骤都能给出精确的数据反馈，那么预期就不再是“拍脑门”

得出的了。

（四）客户价值分类

你可能注意到了，在示例的“客户卡片”上，客户后面有不同的“★”，这些“★”代表的是客户的价值。根据“二八法则”，20%的客户为你贡献80%的利润。这不是说不需要那80%的“普通客户”了。如果这些普通客户都消失了，那么你的20%的高价值客户也会消失。“二八法则”的含义是：从统计学上来说，每获得100个客户，就会有20个是相对消费较多而获取成本较低的“高价值”客户。无论你是从累计消费金额、累计利润，还是从潜在价值来衡量，高、中、低价值客户在数量上都会呈现金字塔形的分布。

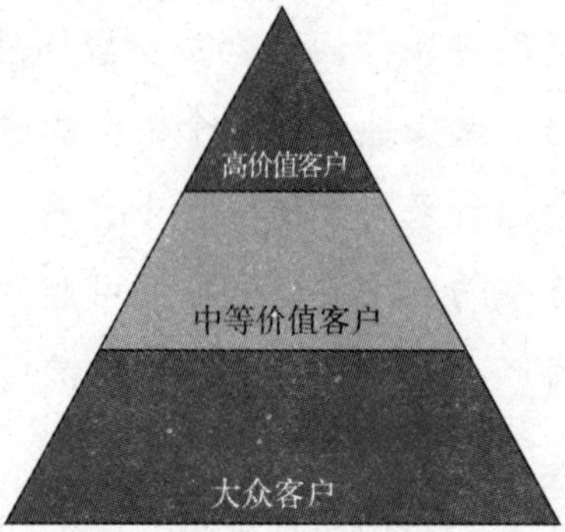

图2-4　客户价值金字塔

如果说塔尖的部分是那些购买高端产品的客户，那么这部分客户数量较少，而购买普通产品的客户数量往往是最大的。即使扣除获取成本，也会出现类似的客户金字塔。

客户金字塔可以为管理者提供以下重要信息。

1. 你的高价值客户有哪些

通过统计，利用价值区间把你的客户分类之后，你就可以“反填”到客户卡片中，就像示例中的“★”号那样。可以将服务等级与“★”挂钩，这样就能保证你的高价值客户始终可以获得最高等级的服务。专门考察某一类客户是否具有共性，以此发现你的高价值客户是否聚集在某一群体，这一群体是否有共同的喜好，以便你有针对性地找到这些“下金蛋的鸡”。

2. 你的高价值客户的变动情况

变动包括总量上各类客户的数量变化和单一客户的价值变化。这两种变动都是管理者需要注意的，数量的变化可以验证你是否成功地扩大了最关注的客户群体。当然，能够以低成本扩大最高端的用户对企业的利益是最大的。虽然能够找到第二、第三高端的用户并扩大也是非常好的成绩，但是对于单一客户在这个金字塔中地位的变化则需要调整对该客户的预期。

3. 你的大众客户是否有着普遍的关联需求

在有过联系的客户中发现他们的新需求，可以快速提升你的整体客户资产。

当然，你一定会问这个金字塔中的“价值”到底怎么衡量。你可能会惊讶于已经有这么多现成的术语、报表和分析工具来说明客户对企业的价值。这是因为在过去的 20 年里，已经开展了很多工作来弥补会计数据的缺陷。其中发展最迅速的就是客户关系管理。有一个经常被问到的问题是：很想获得以上分析数据，但是基础信息不够多。补救的办法是立刻开始着手建立或者丰富你的“客户卡片”，即使是从雏形开始，经过几年的积累，你也会有希望了解未来的客户资产。积累过程并没有你想象中的漫长，只是需要你比竞争对手早一些。

立刻行动：你的公司有多少未来企业的基因

一 企业形态发生了变化

企业价值的评估方法正在发生巨大的变化，从关注内部转向关注外部，从集中在生产能力的方面转向集中于客户需求的方面……事实上，企业本身也在发生着改变。说到“企业”，你的脑海里可能出现的是：在高耸的摩天大楼里，衣着整齐、挂着标牌的员工在格子间穿梭的场景；或者是在机器轰鸣的车间里，流水线上机械手把零件有条不紊地组装起来的画面。这些更接近于“产品中心”条件下的企业。现在，企业的形态正在发生变化，看看你的周围，你能看到下面的变化吗？

（一）企业在地理上可以是分散的

过去，人们从自己的“小作坊”里走出来，聚集到一个地方，才能开始分工合作。因此，说到企业似乎就一定指某个确切的地点，有厂房或大楼的实体建筑。但是，现在的分工合作不再依赖地理位置的临近就可以完成。跨国企业首先实现了这一点，在多个地方建立分属机构，这些机构之间隔着千山万水也同样可以合作。将来，任何企业，无论大小，都必定是全球化的。

（二）企业可以是一个虚拟组织

在线游戏短期内发展了数量众多的客户，他们在虚拟空间中相识、消费、创造价值，产品是虚拟的、合作是虚拟的、营销过程也是虚拟的，连同游戏币、财富值也是虚拟的。这样的企业同样创造价值。在中国，最常见的虚拟货币“Q币”和现实财富有兑换比例，企业并不因为产品虚拟化就不能创造真实的财富。

（三）一个人就可以是一个企业

企业不一定要有很多人，甚至可以只有一个人。分工合作全部在企业的外部实现。自由职业人自己寻找客户、寻找合作方，一个人完成一个企业的所有角色。他们的竞争力有时可以媲美人数众多的“大企业”。

（四）每个企业都是动态的

不仅仅是客户在变化，企业的各个方面都在发生改变，昨天可以实现的明天不一定能够实现；昨天不能实现的明天不一定不可以实现。这些变化都来自于企业如何接受、处理和应对它周围的信息。企业和它所处的环境在不断地互动中，让企业成长或者消亡。

（五）企业是会学习的组织

企业在变化中学习，也经常丢掉它已经学到的知识，这一切全看企业中是否有可以促进经验、知识积累和分享的体系。企业在接受了周边环境的信息后在内部进行加工，形成知识，再反映到企业的能力上，这种学习的能力可能是不同企业的共同点。

（六）企业与外界的关系形成网络化

有的企业把客户变成合作伙伴，比如采用直销模式的企业；有的企业把合作伙伴变成客户，比如采用分销模式的企业；有的物流企业成了外包的客户服务的一部分；有的外包的客户服务中心成了咨询机构……企业角色的变化反映了企业和其他组织之间的关系是网状的，是可以循着网络之间的联系从一个“节点”跳跃到另一个“节点”的。

（七）企业不一定要生产什么

企业不一定有产品，企业可以是某个体系，占据某个独特的位置，发挥帮助客户的作用，它就能够生存；团购企业不生产任何产品，它只负责联络生产者，负责把消费者的需求信息传递到位；大量的企业只提供服务，或者说，所有的企业其实都在提供服务。

（八）企业不一定是有边界的

企业可以做什么业务，不可以做什么业务，这个边界是企业自己规定的。当美国著名的速递公司——联邦快递收购 Kinko（美国的一个办公用品企业）的时候，人们迷惑不解，而联邦快递认为他们不过是扩展了一个信息递送的管道——电子化渠道而已。

（九）企业不一定面面俱到，但一定有所长

过去企业根据“木桶理论”，总是在内部寻找最短板，然后努力改善。很多企业包罗万象，集中了整个价值链上的原材料供应、研发、生产、库存、物流、销售和服务，包括的内容越多，就越有可能出现“短板”。新的思路是放弃所有的短板，只做最长的板，然后与其他的“长板”合作。

（十）每个企业都有独特的价值观

企业的实力来源于执行力，执行力是企业内部的核心价值观的体现。如果没有鲜明的被接受的价值观，企业的行为就会不一致，就会出现某些自相矛盾的做法，企业外部的合作者就会对该企业的能力表示怀疑。企业的合作往往建立在“观念接近”的基础上，如

果客户不认同你的价值，他们就不会成为你的客户。

二　总结

如果关于企业的一切都在变化，那么什么是不变的？

答案是契约。

企业利用约定把人们组织起来，这一点没有发生过变化。

本章小结

要以新管理方法管理新企业，首先要改变对企业价值的衡量方法。传统的财务分析不足以给出可以判断未来企业价值的数据，原因是会计报表是过时的、内部的和静态的信息。用会计报表所提供的数据来预测企业未来的赢利能力，本身就是“资源为王”这一“地心说”的衍生理论。但是我们可以借用会计报表的量化原则，利用客户资产负债表来计算企业当前和未来的“客户资产”与“客户负债”，这样计算出的“企业价值”才更真实。要做到这一点，需要企业收集到和客户相关的、大量的一线数据并对数据的变动十分敏感，这需要一套创新的管理工具和数据模型才能实现。

[转变2]

从“生产推动”到“需求拉动”

当大量的商品被制造出来，却没有成功交换出去的时候；当新的生产工艺可以将制造的门槛大大降低的时候；当客户的需求发生变化的时候；当你的下游变成竞争对手的时候……

你发现，即使你在经典价值链上拥有一席之地，也不代表你一定可以分到一块蛋糕。为了确保生产出来的产品交换出去，为了不再为达成交换而放弃利润，新的出路是先锁定需求，然后再设法满足需求。

第8节　反向价值链

只有当企业创造出一套独有的、可持续的、能够满足客户需求的商业模式的时候，企业才能体现出它的价值。

一　企业价值来源于满足客户需求

只有当企业创造出一套独有的、可持续的、能够满足客户需求的商业模式的时候，企业才能体现出它的价值。

注意，无论这时有没有投资者“出手”，这种商业架构都可以在内在的客户需求的推动下不断长大。如果一家企业满足了这样的条件，那么不需要企业的创办人到处去吸引风险投资，相反，投资者会闻风而动，尽可能地在这样的企业的发展初期就锁定自己的回报。

当客户的需求可以通过某种行为方式被锁定和延续的时候，当一个企业已经确认它提供的整套运营流程，可以有效地留住和满足这种需求的时候，我们就可以用各种指标来衡量和预测这种需求能够给企业带来的未来收入，再通过与兑现这种承诺而必须消耗的成本做对比，企业的价值就可以体现出来了。

我们将探讨如何在这种“企业价值观”的指引下，寻找到由需求驱动的商业模式——这些模式，虽然很多还在实验的初期，但都体现出强大的生命力和惊人的成长速度。

在分析那些具体的商业模式之前，我们先看看下图（图3－1），下图被称为“价值链”。

图 **3－1**　经典价值链

二　价值链分析被广泛地应用于各个行业

今天，单从它的指向方式来看，就能发现它是“稀缺经济”下，从供给的角度所做的分析。所以我们也把它称为“经典价值链”，说明它的产生和解析是和某些前提相关联的。在“产品为王”的时代，当需求是统一的、未被满足的时候，“经典价值链”是“地心说”的衍生理论之一。你需要研究出产品的制作方法和工艺、寻找到足够的原材料，然后生产加工。只有在产品出现之后，才进入销售和分销、运输等环节，最后是客户服务。在稀缺经济条件下的每个行业，只要你在价值链上占有一席之地，你就保住你的“饭碗”了。

由于资源有限，生产者不断改善生产方法、生产工具，劳动生产率不断提升。当供给可以满足统一化的基本需求之后，原来被压抑的特殊需求浮出水面，消费者一旦发现更符合特殊需求的商品，他们愿意支付额外的费用。高利润促使生产者深入研究特殊需求，并在保持规模经济的基础上对这些个性化要求进行分类，创造出差异化的产品，产品创新和多品牌格局随之而来。

三　竞争迫使生产者重新审视“价值链”

越接近“丰饶经济”，你就越容易发现这样的事实：即使你在经典价值链上拥有一席之地，也不代表你一定可以分到一块蛋糕。当大量的商品被制造出来，却没有成功交换出去的时候；当新的生产工艺可以将制造的门槛大大降低的时候；当客户的需求发生变化的时候；当你的下游变成竞争对手的时候……“产量 = 销量”发生了改变。

由于商品是先于交换就被生产出来，产量与成本之间的联系是固定的，在商品的价值没有被市场承认的时候，成本已经产生了。对于企业管理者来说，交换一天没有成功，你就必须背负一天的成本风险。当我们从“产品为王”时代越来越接近“需求为王”时代的时候，商业社会中的各个分工组织都发现价值链中的“权力”发生了转移，从价值链的上游转移到了下游。

为了保证交换成功，价值链的前端对后端的讨价还价能力越来越弱，最后，几乎要听命于价值链末端的巨头——它们通常是连锁卖场，那些拥有“货架资源”的玩家。这些连锁卖场的决定权越来越大，价值链上的“权力转移”直接演变为下游对上游的利润挤压。

从企业进入到“品牌时代”以来，仅仅通过成本控制保住自己在价值链上的地位变得越来越难了，疯狂地控制成本还可能将整个生产环节变成无利可图的“红海”。

当市场需求还在快速成长的时候，企业只要跟随市场就能保持增长速度。这时最先建立起规模效益的企业挥动“价格屠刀”，迅速地扩大市场份额。当需求的增长放缓以后，市场领先者仍然利用“价格优势”来排挤小供应商。即使排名第一的企业不首先发动价格战，排名第二和第三的企业也会通过降价来蚕食竞争对手的市场份额。在传统价值链以“制造能力”为中心的思路下，谁能最快地、最多地生产出标准产品，谁就能“赢者通吃”。

在白热化的竞争下，坐收渔利的是零售企业。产品越丰富、生产能力越强大，谁就能决定“销售谁的商品”。“大卖场”利用价值链上的权力转移，让供应商一步步变成零售商的附属。一部分供应商为了摆脱被动的局面开始拓展属于自己的新渠道，除了少数的成功者之外，更多的尝试是失败的。

原因很简单：在大规模生产制造出大量的产品后，货架也有了"规模效应"，大卖场能够提供更大的面积，更集中的收银台。相对于单个供应商能够提供的产品来说，大卖场将同类产品集中摆放，能让消费者快速进行商品比较。大卖场成为了一个节点，不仅仅是成千上万种商品的集散地，更是消费的集中地。这让大卖场在越接近"丰饶社会"的时候，拥有的话语权就越大。

对此，一些价值链前端的企业力图摆脱困境。由于受到竞争和零售终端的双重压力，供应商必须另辟蹊径。为了确保生产出来的产品交换出去，为了不再为达成交换而放弃利润，一些先行的供应商寻找到的新出路是先锁定需求，然后再设法满足需求（如图 3－2）。

图 **3－2**　反向价值链

反向价值链的起步是对需求的描述，供应商要描述它的供应能力——对音乐来说，这种描述可以是供人们免费试听的一小段歌曲；对图书来说，这种描述可以是书的摘要、目录和评价；对服装来说，这种描述可以是图片、文字说明或者是3D 的"虚拟试衣间"……

这些描述可以让需求者得到最贴近的感受，但并不是商品本身，商品这个时候可能还没有被制造出来。双方在寻找中达成一致，销售行为发生，"需求锁定"就完成了。然后是针对需求的产品设计或微调，之后才是制造，最后是物流、递送。

反向价值链的发生顺序似乎是和经典价值链相反的。但是，这种指向其实才是“正向”的，它符合“需求为王”的“日心说”，它回到了交换的根本。蕴涵其中的基本逻辑是：只有在市场价值实现之后，每个协助进行成功交换的参与人得到了他们的蛋糕。

如果我们能把这样的“价值链”指向看成是“正向”的，我们就会在后面的“新商业模式”中找到共同点。

第9节 “拉”出来的新模式

遵循“反向价值链”从需求向供给拉动的原则，你能创新出多少种商业模式？答案是无穷多。这是一片“蓝海”，它孕育着许多刚刚开始起步的新组织、新公司，也挑战着传统的思维和行为。

我们将近年来出现的“创新模式”进行初步的分类归纳和分析，以便读者理解。这些归纳决不意味着模式创新已经是完整的、穷尽的。而是只突出了共同特点：它们的存在和成长的内在动力都是靠客户的需求拉动，而非传统的生产企业推动。同时，它们的每一步成长都要解决前人未见的难题。无论你是消费者还是企业管理者，创新的旅程只是刚刚开始。

一 挖掘和汇聚需求信息，创造新商业模式

近年来“团购”模式逐渐走俏。如果我们考察一下团购和传统购物的区别，可以发现团购是将近期内有同样需求的客户集中起来，推选代表与厂家协商价格，从客户端聚集起采购的“规模性”，越过

中间渠道，直接和供应商谈判，然后分享价差。在团购模式中，最受欢迎的采购清单包括：建材、婚庆服务、汽车、房屋等大宗商品，这些商品单价高、生产成本高，厂家的“存货”风险也高。只要能找到5～10人共同购买就能对商家形成不可小觑的购买力，也就有了“砍价”的谈判实力。

值得注意的是，过去人们也存在大量的需求，为什么那时候没有出现专门以“整合需求信息”作为“核心竞争力”的商业模式呢？有三点阻碍了消费者自发组织进行“需求汇聚”，这三个障碍是今天的“新模式”也要着重解决的。

（一）消费时间不同步

1. 需求紧急程度很难统一

过去即使有类似消费需求的买方在“现实社区”中相遇，他们也未必能形成购买力。换句话说，需求的紧急程度很难统一。一个明天就要办婚礼的新娘不能在下个月的“珠宝团购会”上买戒指，即使她知道在团购会上，同样的戒指会便宜几百元，但和她的需求时间无法吻合。

2. “团购会”的方式只能聚集近期消费

要解决这个问题，必须扩大需求半径。在这一点上，虚拟社区的“聚合”作用体现得更充分。互联网能够突破空间限制，聚集起与过去“居住小区”相比范围宽广得多的需求。参与的人越多，你就越容易找到在时间上和你匹配的其他“同道者”，“团购成功”的概率就越高。最后，当“需求半径”扩张得足够大，任何时候团购者都可以找到“组织”了。

（二）需求分散

随着需求的扩大，需求开始分散了。

还以婚庆团购为例，有喜欢钻石戒指的新娘，也有喜欢红宝石戒指的新娘，作为团购的组织者，你需要更多的供应商才能满足需求。随着选择的增多，需求又被分散了，200个戒指的购买力变成了20个ZMF0101型戒指、30个HBS395型戒指、12个LSS222型戒指……的购买力，团购的力量也被这种分散的需求削弱了。

解决这个问题的方案是让需求联盟驱动供应商联盟。当需求半径扩张到足够大，即使是其中的一个子集也会有供应商乐于满足，供应商也更愿意加入这个联盟。

（三）物流问题

连锁商场满足了“就近购物”的便利性要求，但团购又要重新面对分散在各地、有同样需求的买方，怎样满足他们的需求？虽然可以借助第三方物流的力量，团购的组织者还是要随时了解供应商的库存、递送方式和时间，才能给买方提供良好的服务。最简单的办法：利用供应商已经建立起来的门店或渠道来解决递送难题。

团购网站的发展还证明，这种从需求出发的“拉动型”商业模式，很容易再次调动起用户的能动性。例如，在团购中做得最有成绩的美团网、拉手网和大众点评网，都把汇集需求和客户点评结合起来。这样，需求的汇集本身就有了“增值点”，也就是让“后来”的顾客，可以预先从前面已购买或享受了服务的客户那里得知商家的口碑。从产品出发的商家往往无法汇集客观的口碑点评，但团购网能够做到，这也说明团购本身的价值在于它是从需求出发的。

二　绕开传统的中间渠道，实现简化的“供求交换”

在传统的由生产厂商将大规模的产品推向消费者的“商业模式”中，中间渠道往往是多层的。这是由每个层级所能控制“下级”的极限决定的，如果一个上层渠道要管超过7个以上的下层渠道，所谓的“上下级式”渠道管理就会失控。

1.“上下级式”渠道

三株公司的营销渠道是典型的“上下级式”渠道模式，具体构成如下。

设立“四大战区”，由总部协调指挥。

为防止过宽的管理幅度造成管理失控，又在各省设立联络处，主要负责上下联系和区域内市场的指导。为了实施区域细分化策略，最大限度地接近消费者，在各大城市的子公司下面又设立了乡（镇）工作站，网点铺到了农村基层。

倒闭时三株已有超过200个地级市的分公司，分公司管辖1980个县级子公司，子公司管辖6890个乡镇一级工作站。20多万销售大军分布全国各个市场，尤其是深入到了偏远的农村。

就是这样一个“除了邮政网络之外最大的营销网络”（其总裁吴炳新之语），成就了三株年销售额达到48亿的“神话”。但是三株很快被这样一支庞大的营销大军的管理成本压垮。随着三株的倒下，越来越多的企业开始谨慎使用“上下级式”渠道管理体系作为营销通路。

2. 直销模式

在三株、汇仁、TCL、美的、华帝、长城、海尔、联想、商务通、娃哈哈……等公司各显其能，实验各种不同形式的多层渠道的“联动”模式的时候，国际上，最耀眼的明星还要属靠“直销模式”迅速做大的“戴尔”。

戴尔模式用呼叫中心、商品目录和电脑的可配置性实现了“消费者—生产商”的最简化通路。戴尔在他的回忆录中这样描述了直销模式的好处，他说：“其他公司在接到订单之前已经完成产品的制造，所以他们必须猜测顾客想要什么样的产品。但在他们埋头苦猜的时候，我们早有了答案，因为我们的顾客在我们组装产品之前，就表达了他们的需求。其他公司必须预估何种配置最受欢迎，但我们的顾客直接告诉我们，他们要的软盘驱动器是一个还是两个，或是一个软驱加一个硬驱，我们完全为他们订做。”

同时，按单订制的直销模式使戴尔公司真正实现了“零库存、高周转”。正如戴尔所说的：“人们只把目光停留在戴尔公司的直销模式上，并把这看作是戴尔公司与众不同的地方。但是直销只不过是最后阶段的一种手段。我们真正努力的方向是追求零库存运行模式。”由于戴尔公司按单订制，它的库存一年可周转15次。相比之下，其他依靠分销商和转销商进行销售的竞争对手，其周转次数还不到戴尔公司的一半。

戴尔公司扛起了“直销”的大旗，也让所有的企业家了解了消费者并不是只能坐在电视前面接受“广告影响”，然后到离得最近的“大卖场”从零售商已经确定好的两个品牌中选择一个就付款的“被动交换方”。他们可能有钻研精神、有主见，更重要的是，他们需要的很可能不是商店里的那几款产品，他们需要的在他们的脑子里。

戴尔这类企业要做的不是生产、分销、广告、促销，而是反过来，倾听消费者真正的需求，然后把这些需求分解成为标准配件，订购这些配件，最后进行组装和递送。在这个过程中，只有一个中间人，那就是戴尔公司自己。

从戴尔公司进入中国以来，理论上相当具有优势的“直销模式”正在接受检验。2007 年，人们发现，戴尔公司也在寻找渠道了，这是否意味着中国不适合直销？或者说，哪些“中国国情”是阻碍直销取得良好战绩的因素？

我们的总结是：

（1）当消费者越消极、越容易受到促销员的影响或广告的影响，而不是自己主动了解产品的性能和成本的时候，就越适合采用由厂商推动的商业模式；

（2）当消费者的需求越标准，或者在价格的影响下更倾向于标准产品，不需要以独一无二的产品来满足自身的特殊需求的时候，就越适合采用由厂商推动的商业模式；

（3）当金融服务和物流服务等“交易要素”可以更多地由其他分工组织承担的时候，就越适合将交易的确认和发生在“物理市场”以外的虚拟交易场所实现，例如邮购、电话订购、目录销售、上网订购等等。

按照以上三个标准，中国的个人电脑市场在戴尔公司 1998 年进入中国的时候，也是联想正以分销模式“攻城略地”的时候。也许，戴尔公司的“中国式投降”说明：中国的消费者可能还没有成熟到可以自己定义电脑配置的程度，而少数有这个意愿和能力的消费者要达到市场规模则需要更多的时间，这就是“戴尔模式”在中国遭遇困境的原因。

能够说明直销模式的巨大作用的可能要数“移动终端设备”中的新玩家——小米手机。虽然在家电、服装、保健品等领域都涌现出不再依靠层层经销商的“直销”模式，但是小米手机的“横空出世”，可以说把这种“轻公司”的特点展现得淋漓尽致。它的创始人雷军在吃透了品牌建设和网络推广之后，大胆地利用“直销”模式搅动了手机业的“一池春水”，虽然他对小米手机的利润率讳莫如深，但传统手机厂家利用层层代理铺货的方式和让利，显然无法与小米手机的直销模式相提并论，这才让小米手机后来居上，成为中国智能手机中的“新宠”。

三　建立强大联盟为消费者提供“整合方案”

1999年，四位中年人聚首，准备做一番新事业，他们从几个创业想法中选择了旅游业，当时，这四个人都没有航线、景点、酒店的资源，而且其中的三位也不是旅游业业内人士。但是，就是这四个人，创办起了中国互联网在旅游行业的旗舰——携程网。

携程网的模式创新也符合前面的两条规则——汇集人们对于订酒店和机票的需求，然后直接与各大酒店、航空公司签定协议享受折扣，把这些“团购折扣”再返还给个人。

不过，对于携程来说，这个模式最成功的地方在于它从无到有地建立起了一个面对“个人旅游者”的服务联盟。虽然航空公司和酒店的管理人员都知道他们服务的是同一群体，如果这个人要从一地到另一地，就会产生购买机票和订酒店的需求。但是，航空公司的管理者认为，我没有酒店资源，我无法满足这个客户的所有要求，我只能负责把他从一地转移到另一地，至于他要在哪儿留宿，超出了我的“行业范围”；同样，酒店经理也给自己划了一条明确的“业务线”，告诉自己这条线是不能越过的。

在携程网出现之前，没有人把同一个旅客在旅行中的两大关键需求：酒店和机票，作为构成满足客户需求的“整合方案”的一部分，并提出要为旅客提供完整的服务。携程这样提了，也这样做了。将两个过去“分割”的行业以客户界面展示给最需要的人，这不能不说是携程最大的创新。

除了携程这样的联盟，更多的联盟可能是以合作的方式出现，不一定在同一个公司中组成联盟。

信用卡公司的“联名发卡”方式：近年来信用卡公司和被认为有足够消费能力或有鲜明消费特点的群体进行“联名发卡”随处可见，信用卡公司以此来获得这部分用户的借贷消费。已经出现过的联盟包括和百货公司联名，和大型企业（例如和海尔公司）联名，和化妆品品牌联名发放女人卡，和航空公司联名发放里程卡等等。

杂志作为能够聚合某一部分有共同爱好、兴趣的读者的媒介，不仅仅是一本文字读物这么简单。因为杂志社拥有每个读者的联络方式，而且杂志影响的是一批客户，因此杂志的“订户资源”成为与这部分订户联系最紧密的消费联盟的重点关注对象。中国著名IT杂志《IT经理世界》几乎是所有企业的IT人员的必读杂志，通过《IT经理世界》组织的行业会议、培训、体验式软硬件推广也形成了一系列针对这类读者的“联盟”。

既然是将跨行业的联盟作为模式创新的关键，那么联盟的企业就要有能够驾驭原本在不同领域的多个“服务提供商”的能力，对这种模式来说，最大的挑战莫过于真正把客户体验放在第一位，而不是在某个“整合方案”的帽子下继续各行其是。无论是收购还是采用契约式的利润分成的方法，如何利用有效的机制将整合真正进行到底，让客户感受到“无缝”的服务交接，而不是感觉自己被生硬地从一条流水线扔到另一条流水线上。这是所有期望用“联盟”方式获得核心竞争力的企业都要解决的重要课题。

四　提供前所未有的客户体验

当客户的能动性被挖掘出来之后，客户的需求本身也是不断变化的。直接让客户参与需求的描述、设计，并与其他有类似需求的“同好”（有同样需求、爱好的人）进行时时交流，这本身就可以构成前所未有的客户体验。

“虚拟经济”中有很大一部分就是与这样全新的客户体验相关。其中，最引人注目的可能要属网络游戏的兴起和蔓延。在网络游戏中，用户无时不在其中。游戏的设计员不再是远离货架、实验室里的“发明者”，而是和用户有着相同兴趣爱好和兴奋点的“同一类人”。很难想象一个不喜欢足球的团队能够设计出风靡网络的足球游戏，而“玩家”在体验过程中提出的要求，无论是界面上的还是理念上的，一经提出就会得到设计者的重视，只有在不断加深用户体验的过程中，才能有经典游戏的“升级”一说。

和产品设计相比，对客户体验的设计我们还只是刚刚开始。十年之后，我们可能会对今天最好的设计不屑一顾。谁也不知道未来的游戏会是什么样子的，可能是 3D 的，也可能和 3D 没什么关系；可能有很多的装备，需要一级级地“过关”，也有可能完全不是这种套路的。这大概就是想以提供“客户体验”来创新业务模式的所有企业最困惑的地方。

除了游戏，很多服务型企业也在致力于将自己的品牌和某种独特的体验联系在一起，包括像“迪斯尼乐园”这样的老牌游乐场和“星巴克”这样的体验型咖啡馆。

第10节 从“金字塔”到“沙漏”

各种贸易企业、中介公司、零售企业都可以成为这样的“双金字塔”中心，这更像一个“沙漏”而不是单向的“金字塔”。看起来，建设世界上面积最大的连锁卖场就能实现最赚钱的商业模式。商场以解决交换的时空局限为条件，代替供求双方做出了“有范围”的选择。这一选择权也是“沙漏中心节点”所独有的优势。

一 商业模式改变，成就“零售巨头”

如果我们仔细审视“产品为王”和“品牌为王”时代的企业，会发现无论是使用“规模—成本”的方式，还是利用“品牌忠诚”的方式，企业实际上都在努力地从“供给”的角度把产品推给“需求方”。因此，要保持企业利润的增长，就要想方设法地扩大本产品或本品牌的“需求半径”。在这种商业模式下，企业把自己放在了“金字塔”的顶端，而大企业和小企业的差别就在于金字塔底座的需求半径是大是小。

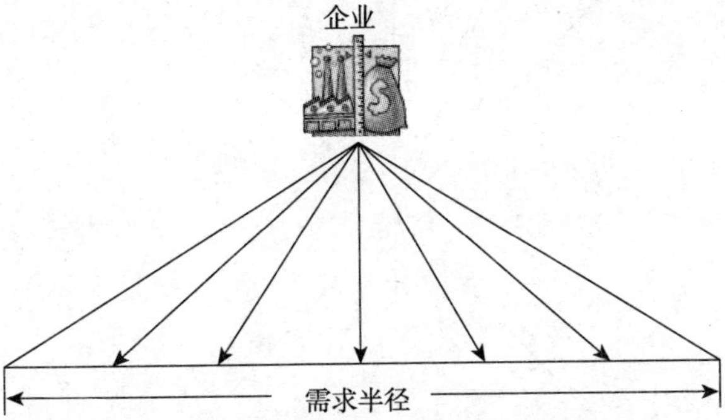

图3-3 沿着“经典价值链”达成交换

“产品为王”的企业希望通过多产品策略覆盖更多的需求，如格兰仕在成为“世界最大微波炉厂商”之后，必须要考虑其他的产品线才能继续扩张“金字塔”半径；而以“品牌为王”的企业则希望通过多品牌策略覆盖更多的需求，如果可能的话，可以像宝洁公司那样建设多条产品线，且每条产品线还有不同品牌的结构，这样就能形成最大的“金字塔”。

前面的两种经营战略在两百年来有效地提升了企业的效率，最大的成果就是以过去认为“不可能”的低成本创造出丰富的产品类别和品牌类别，极大地改善了消费者的生活。在这样的推动力下，“经典价值链”发展到了末期，“稀缺经济”逐渐转变为“丰饶经济”。可以证明这一点的是：原来在经典价值链末端的“零售企业”成为了最有权力的一方，对于“零售巨头”来说，它的特殊地位可以创造出两个“金字塔”，获得双向收益。如下图（图3-4）所示。

各种贸易企业、中介公司、零售企业都可以成为这样的“双金字塔”中心，这更像一个“沙漏”而不是单向的“金字塔”。

以连续获得全美市值最高的沃尔玛来说，它是世界上最大的有形市场，利用先进的物流实现了目前最大批次的供需交换。当它占

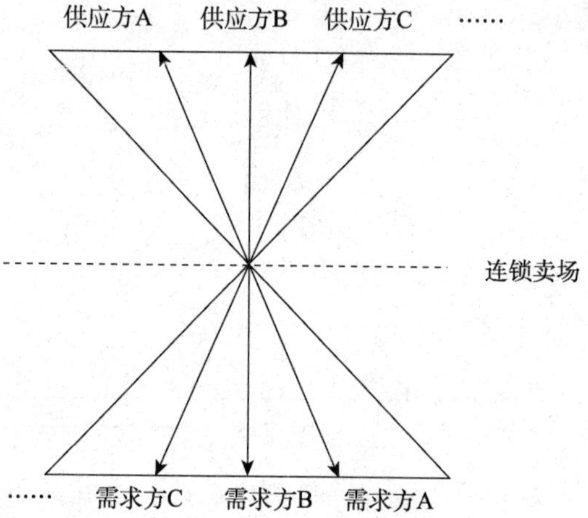

图 **3－4**　连锁卖场的有利位置

据了“沙漏中心节点”这一黄金位置的时候，它就获得了“经典价值链”上最大的权力，既拥有了向供给方压价的“超级价格谈判权”，也拥有了向需求方收取“批发—零售”这一环节的利润的权力。

零售卖场没有、也不能让供需双方直接见面，它在供应商面前代表需求方决定谁的商品可以上它的货架，在需求方面前代表供应商提供了有限的选择。换言之，商场以解决交换的时空局限为条件，代替供求双方做出了“有范围”的选择。这一选择权也是“沙漏中心节点”所独有的赚钱优势。

二　“沙漏”商业模式的优势

（一）增加客户量

在客户数量上，节点的客户（如图 3－4）是双向的，交易双方都可以被看作是客户。而且，随着营业面积的扩大，节点对供需双方的影响力越来越大。这就像建设高速公路一样，虽然，建筑的过程是艰苦的，但是，公路开始通车了，一旦节点上有了流量，“高速公路”的收费站就可以双向收费，这比“金字塔”模式增加了客户基础。

（二）形成“网络效应”

在节点上，客户基数的扩张充分展示出了节点的“马太效应”，在达到临界值后通过使用者的“网络效应”而自行“织网”传播，沃尔玛背后的物流网络就是支撑它成为“节点”的重要保障。

（三）产生巨大的客户“黏性”

“节点”创造了高流量、形成用户群体后，还能产生巨大的“黏性”。最大的节点就是你最容易发现供应者或需求者的地方，一旦供应商挤进沃尔玛的销售管道，一旦消费者发现了“天天平价”的仓储式大卖场，你就不能离开这样的节点了。

提醒一下，企业价值和客户资产、客户负债相关，而客户终身价值、客户数量、客户忠诚度又是构成客户资产的重要因素，客户负债则保持对客户的承诺（对沃尔玛来说，“天天平价”和“客户满意”就是两大承诺，体现在价格、方便性、需求满足程度等具体方面）。从这些关键指标来衡量，节点企业的“含金量”无疑比其他模式都高。可以说，正是对规模的追求，让企业逐步从建筑“金字塔”走向了支撑“沙漏”的道路。

看起来，建设世界上面积最大的连锁卖场就能实现最赚钱的商业模式。同时，“节点”并不仅仅是连锁卖场，它还有另外一个常用的名称，叫“平台”。一个“平台”可以是某种核心技术、一个行业的标准，也可以是能够对一群类似的消费者发挥影响的“社区”，还可以是协同合作的组织能力。

把这些都归纳为“平台”，是因为它们都处在“沙漏节点”的位置上，可以双向地发挥作用，可以让交换发生。在“产品为王”的时代，最早引起人们注意的是“核心技术”，一旦“价值链”上的某个企业拥有了这种“技术”，就可以号令上、下游提供将这种“技术”转化为“产品”的各种原料或服务；在“品牌为王”的时代，“技术”被替换成了“标准”，成功的品牌就是定义或重新定义了“标准”的品牌，当“标准”深入人心的时候，品牌的地位也就不可动摇；在“需求为王”的时代，“平台”出现了。

这对今天的企业管理者来说意味着什么？我们可以建造出多少种“平台”？哪些企业能成为明天的“平台”？“平台”一定要有某种物理形态，比如说“连锁卖场”中的货架空间，或者取得了“专利权”的发明。什么样的“平台”最有成长性？

第11节 自动的“平台收费站”

企业要做的只是在“平台”的后面建立一个“自动收费站”，如果平台的地位没受到挑战，“收费站”运转正常，这就是一台“自动印钞机”，这也是未来最成功的企业商业模式。

一 市场虚拟化

在回答上一节的末尾所提出的若干问题之前，让我们先来重新审视最大的节点——“市场”是如何构成的？

在市场中，买方和卖方相互寻找。他们交换信息、讨价还价，如果达成一致，就当场结算，然后"一手交钱，一手交货"。因此，在传统的市场中，信息的交换、物流、结算和服务都是在同一时间、同一地点完成的。至今，某些商场中还有"钱货当面点清，出门概不负责"的标牌。这样的交换行为很大程度上是由于时间、空间的限制，如果不在交换现场履行双方的责任义务，双方就无法达成一致。

但是，这样的局限性正在被突破。首先是产品的使用和售后服务的部分和交换分离了。大量的产品并不是在交换达成之后就立刻被消费的，某些服务只有在使用时才需要。于是，买卖双方达成了售后服务的专门条款。保修等售后条款在交换行为发生后的一段时间内仍然有约束作用，单一的"交换合约"可以被拆成多个合约或是多个条款，在交换行为发生的时候，这些合约、条款只是达成了，但可以在别的时间、地点履行。

采用同样的方式，我们还可以剥离出物流。在传统市场中，"一手交钱，一手交货"是天经地义的。但是，随着市场规模的扩大，要满足"当场提货"的要求，市场上的囤货数量要成倍增加。而且，在市场上发生的"交付"不一定是最经济的，因为商品要从卖方的仓库先运到市场，然后再由买方从市场运到消费地点。于是物流成为了单独的合约条款，双方可以约定在任何时间、地点交货。

为了保障双方能够履行合约，第三方信用机构也加入进来。这样，结算也被剥离了。国际贸易中常见的"信用证"结算方式，就是买卖双方各自委托信任的金融机构来完成结算。在交换发生的时候结算未必发生，双方只是约定了结算的金额和条件。

我们看到，市场的作用是促使买卖双方能够达成交换。只要能做到这一点，是否有一个具体的地点并不重要，市场是可以分解的。构成交换的各个要素都可以由买卖双方在某一时刻达成一致，而在其他时间、地点履行。这样，市场就可以“不存在”了。人们可以以任何方式——见面或者不见面的方式——达成合约，然后按照合约履行双方的义务，交换同样可以实现。这时，市场已经被虚拟化了。

二 向未来市场转变

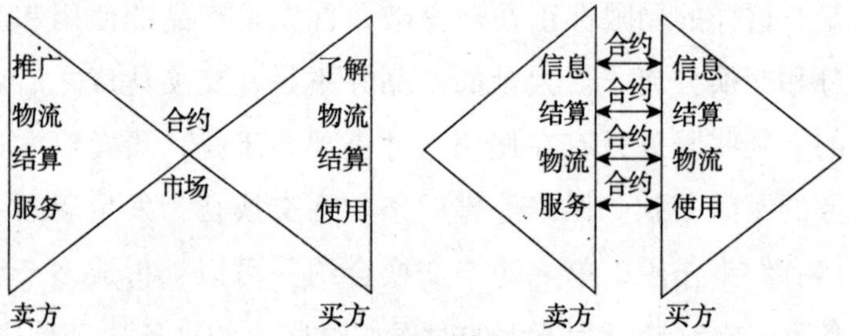

图 **3-5** 市场的虚拟化

上图（图3-5）说明了传统的市场向未来市场的转变。过去，买方和卖方必须在同一时间出现在同一地点，才能保证交换的各个要素：信息、结算、物流、服务能够被交换，这个地点就是“集市”，时间就是集市的工作时间。当集市解散，买卖双方就无处可寻。但是在未来的市场上，所有的交换要素都可以独立存在，通过信息交换就可以达成合约。市场没有特定的地理位置，也没有关闭的时间限制，这时的市场才是最大的，才能真正做到无处不在。

这种市场要素的分解给“经典价值链”带来的冲击就是各种大大小小的“平台”的出现。我们看到，原来必须依靠物理市场才能在需求方和供给方交换的“信息要素”，催生出了如Googel这样的“搜索引擎”。甚至，不同类别的信息也可以催生出专门的“平台”，例如专门提供旅游信息、电子消费品信息、化工产品信息的“平台”。

当买卖双方找到了需要的信息，锁定交换意向的时候，你可以利用亚马逊或 ebay 所提供的“交易平台”。在中国，目前看来最成功的交易平台是淘宝网、为阿里巴巴集团开发的“支付宝”等“网络交易”的支付平台。

国外，类似的“网络支付”领域，占据头把交椅的是 paypal。传统的邮政公司和新出现的各种物流网络在争夺另一个平台——为所有需要进行物理转移的业务提供服务。对于不需要物理转移的那些产品和服务，由 P2P 技术（点对点技术）搭建起来的“分享平台”，它在音乐文件的传递上“初试”就引起了五大传统唱片公司的联合围剿。但是，P2P 不但没有被剿灭，而且日益壮大，很可能成为所有收费平台的“最终颠覆者”。

如果仅仅聚焦在市场的分解上，我们还会忽略整个商业生态环境的变化。“平台”不一定只在“市场要素”的交换中才出现，市场交换比以往任何时候都更深入到分工合作的每一个环节。任何企业，都可以成为某种“平台”，只要它能够帮助的群体范围足够大，只要它将相互交流的门槛降到足够低，只要它的反馈速度足够快，只要它为每一位加入构筑平台内容的成员提供了真实的回报……它就是有价值的平台，它的发展就势不可挡。

一旦“平台”的魔力施展出来之后，企业要做的只是在“平台”的后面建立一个“自动收费站”，如果平台的地位没受到挑战，“收费站”运转正常，这就是一台“自动印钞机”，这也是未来最成功的企业商业模式。

在“平台”的价值显现出来之后，为了成为一个被广泛接受和使用的“平台”，争当“平台”的竞争日益激烈，造成的直接后果是：在“供应链”的每个环节上，在每一次的“供需匹配”的过程中，我们都能找到比传统的“行规”更加包容、平等、廉价的“新平台”。客户的能动性越来越受到重视，“平台”的竞争降低了创新的门槛、增加了交流的强度。

和连锁卖场的“有隔离的平台”不同，最有成长性的“平台”已经成为下图（图3－6）这样的“沙漏节点”。

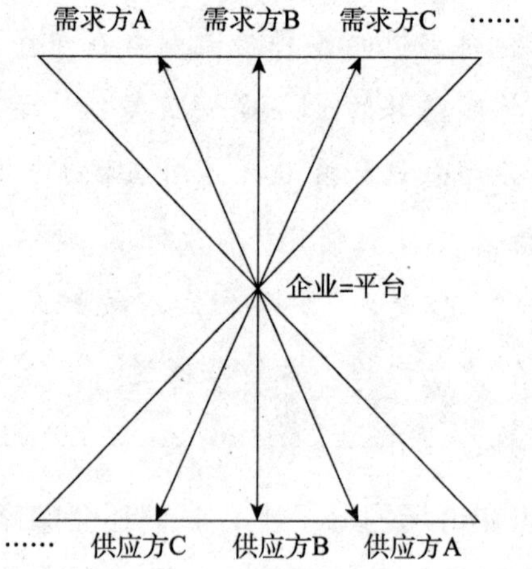

图**3－6**　企业的价值不再体现为“产品”，而是“平台”

对比上一个“沙漏节点”——连锁大卖场，我们发现新的“沙漏”有了两大变化，一是中间的“隔离带”被取消了。因为没有一家企业可以替千千万万的消费者做出“有限的选择”，也没有这个必要。很可能只要你能描绘出各种需求，只要模块化可以实现，就能被供给方轻易地、便宜且快速地订制出来，不需要为了需求的规模化汇集而人为地进行“标准化”。所以，取消“隔离带”变得更有竞争力。

另一个变化是在沙漏的两端，“供给方”和“需求方”不再是被“货柜”隔开的“泾渭分明”的两方。平台需要提供的是一个“让大家帮助大家”的舞台，不一定有预先设定好的“买方”和“卖方”，在这里，“供给方”和“需求方”有可能是一体化的，也有可能是时时改变的。

考虑一下微博，它是和沃尔玛一样的信息平台吗？

从某种角度上来看，有点像，无论你想寻找或了解哪方面的信息，你都可以在这上面找到。微博聚集的人群越多，就越有可能占据最有利的位置。但是，微博平台显然和沃尔玛又有区别。

比如说，微博上的阅览者同时也是信息的提供者，没有泾渭分明的“供给方”和“需求方”的差别。微博上的信息同时被多人阅读，被多人验证，因此爆料和证伪也常常同时发生，用户需要自行判断。这和去商场购物，得到商场的品质保证不同。而且，微博上的信息获取和交换无时无刻不在，不像商场有营业时间的限制。这些不同都说明，微博作为信息节点，已经取消了“供给”和“需求”中间的人为界线，成为了比书店或新闻中心更包容、更有支持力的漏斗型信息平台。

在结束这一章的时候，我们似乎已经了解了最赚钱的商业模式的形态，但是从构想到成功之间还要跨越许多“操作细节”。在后面的章节中，我们将更深入地探讨，在打造这样的漏斗型平台的时候，哪些是你必须做的。

关联案例：Google的模式

从互联网诞生以来，至少有三种应用伴随着网络的普及而被广泛接受。其一是浏览器；其二是电子邮件；其三是搜索引擎。用程序员的话来说，这些应用因为界面简单、使用方便，一旦使用就会产生“依赖感”，因此被称为“杀手级应用”。

据不完全统计，上网者中95%的人会使用浏览器，90%的人拥有一个或多个E-mail账号，70%的人会使用搜索引擎。“杀手级应用”的共同优点是可以完全依靠用户的口碑推荐，不需要巨大的广告投入或市场营销，只要一接触就会对用户产生“黏性”，而且它们的使用者规模还会随着上网人数的增加而自然增长，也就是说，它们的“新客户资源”是源源不断的。

如果从用户需求的角度来说，这三种“杀手级应用”是相似的、具有可比性的话，基于这三种“应用”而形成的三种“商业模式”却大相径庭。最早推出浏览器的网景公司在微软推出了和桌面系统绑定的IE浏览器之后大势已去，最后破产；在网络上最早提出“免费邮件”概念的Hotmail被微软收购。现在，电子邮件这一应用被多家公司的不同品牌瓜分了市场，只有以Google为代表的搜索引擎杀出了“重围”，其股票屡创新高，赢利能力和市场价值都让人震惊。

我们可以按照本书前面的分析来看下这三种“商业模式”，或许可以解释为什么三个“杀手级应用”未能创造同样的商业价值。

浏览器

浏览器的推广采用的是“产品为王”的策略，它把使用浏览器的一方定义为“客户”，把推出浏览器程序和关联功能的一方定义为“供给方”，而不同的浏览器都在争夺着“上网人群”这个最大的需求半径，也就是比赛谁可以建立底座最大的“金字塔”。

当网景的浏览器界面设计超过Air Mosaic的时候，它就成为了主流；当火狐的页签设计和背后的多线程技术改善了用户体验之后，它可以从原市场占有率最高的IE浏览器那里分得一块小“金字塔”。

在“产品为王”的模式下，已经成为了“龙头企业”的一方可以利用自己在别的领域建立起来的大“金字塔”的规模半径，轻易地改变由市场竞争下的应用差异化而自然形成的格局。例如，当微软携占市场份额 90% 的桌面操作系统而来的时候，浏览器自然生长起来的小“金字塔”很快就无招架之力了。在用户为微软操作系统付费的时候，作为浏览器的“新产品”已经得到了一部分蛋糕，这就说明这种“杀手级应用”其实被定义成了一种“新产品”，而用户为了得到它的功能，就需要付出购买使用权的费用，交换方法是浏览器作为 Windows 操作系统中的一部分被打包出售。

电子邮件

2008 年微软收购雅虎的时候，《华尔街日报》的专栏作家卡拉·斯韦什尔提到：据斯威瑟统计，雅虎的电子邮件服务拥有 2.56 亿用户，微软则拥有 2.55 亿用户，分列第一位、第二位。排第三位的是 Google 的 Gmail，但其用户远逊于二者，只有 9200 万用户。而美国在线（AOL）的电子邮件服务用户只有 4900 万。这说明，电子邮件这一并无特别技术诀窍的“杀手级应用”，其实形成了“品牌为王”的格局，微软的邮件系统和雅虎的邮件系统是两大主要品牌。既然是品牌，就要有品牌特征、品牌差异性。

虽然微软可能建立起了更为“商业化”的品牌形象，而雅虎也许被看做是更“个人”的免费的电子邮件品牌，但其实这两大品牌之间并没有太多的差别，也就是说，要完全地依靠消费者对于品牌的感情认同而建立起能够收费的商业模式并不容易。这可能解释了微软在收购了有“网络第一免费邮件品牌”之称的 Hotmail 后既没有改变其名称，也没有将它贸然地改变为“收费服务”，因为一旦收费，可能脆弱的品牌差异性就会体现出来，用户忠诚就不存在了。

这一点在中国的邮件市场中已经有所验证，无论是占据中国市场份额最高的163邮箱，还是提供了VIP收费服务的新浪邮箱，想把电子邮件作为一种有偿服务来推广，以建立高品牌忠诚来获利的“商业模式”，其困难重重。

在“品牌为王”的“商业模式下”，电子邮件的用户仍然是产品的“消费者”。在“免费模式”下建立起来的应用忠诚，愿意以缴费的方式保留某品牌的“电子邮件”，并获得诸如邮件杀毒、垃圾邮件屏蔽等“超值服务”。品牌模式下，产品被转化成了一种服务体验，但是“金字塔”结构没有根本改变。

搜索引擎

Google在商业模式上的最大贡献是它寻找到了基于“杀手级应用”的“平台”。在冲浪者使用搜索引擎的时候，他并不认为他在使用某种服务，或者忠诚于某一品牌，就应该为这种服务付费。而是，他正在向一个“互动平台”提供自己的兴趣关注点，并在很短的时间内获得了反馈。他提供的“兴趣点”，反过来成为平台上的另一端最需要的“注意力”，这一端通常是“供给方”。Google的“相关性广告”正是将两者进行“匹配”的桥梁。

如果说Google的搜索引擎是“为任何人就任何问题提供最相关的网页”，那么它就是“沙漏节点”，这个节点的一方是“搜索者”，另一方是“网页提供者”。但是Google的商业模式并不是像沃尔玛一样，占据节点的中心位置而向两端的用户收费，从某种角度上，Google没有这个能力，因为它不具备“货架资源”，它不能像零售企业决定它的货架上可以摆放什么品牌、什么商品那样去分配网页资源，因此，它选择了向“往来通行”的一小部分“流量”收费。这就是“关联广告投放”，企业可以选择将自己的网站链接放在哪些搜索词的旁边。

当搜索者输入搜索词的时候，他们的网页就获得了“优先展示权”。Google 仅向有这一需求的“部分流量”收取“服务费”，而这一小部分“流量”足以支撑起一个有着巨大的现金流的企业，并且有可能击败 IT 行业的最大的“金字塔”——微软。

低成本拓展业务

除了搜索引擎这一“杀手级应用”，依靠它的自我发展可以轻而易举地获得关注；除了基于“网络传播效应”可以不用花费太多广告费用，就能实现相关人群的“相互感染”；除了提供免费的“有价值”的服务，让沙漏的一端保持使用的频率和品牌的忠诚；Google 的“平台模式”还有另一个优势——自动化带来的低成本。

想一想微软每一次在发布新产品之前进行的“全球公关”，想一想微软必须建立庞大的销售渠道，更不要说为了保证微软可以预装在各类电脑上所耗费的分成比例，还有为了 24 小时接听客户抱怨而建立的服务中心……

在 Google 之前，随着需求半径的扩张，企业要投入更多才能保证对客户的承诺，这也是“金字塔模式”下的成本增长问题。过去，没有一家企业可以在扩大“需求半径”的时候不增加服务成本，只要成本的增长经过“规模效应”的巨大分子之后，能够比收入的增长速度低就是企业的胜利，赢利的增长就是必然的，投入也是值得的。

但是，Google 告诉企业管理者，当你的赢利模式可以用程序固定下来并自动实现的时候，你的“客户成本”也就固定了。只要你有一个“自助服务”的页面，无须销售、无须服务，客户自己就会填写必要的信息（比如需要关联的网站地址），并把钱打到指定的账户上，然后，属于客户的搜索结果通道就开通了。

Google 可以标价的广告词是无穷的，而无论客户选择了一个还是一百个广告词，程序处理的成本都是一样的，不会增加100倍的成本。在客户资产滚动增长的同时，固定的“客户成本”几乎可以被忽略，这意味着巨大的企业价值。

毫无疑问这是一个伟大的“商业模式”，Google 也一直希望可以扩建这条“交通要道”，所以 Google 扩展了自己的产品线：地图、照片处理、在线翻译，当然，它也推出了属于自己的另外两个“杀手级应用”——Gmail 邮箱和 Chrome 浏览器。

显然，也期望这两个应用能够建立起类似于 Google 广告词的“收费通道”，Gmail 中厂家可以选择相关词投放与 E-mail 内容最相关的广告信息，而 Chrome 很可能将吸引众多的应用软件爱好者或厂家将自己的应用服务直接与之集成，Google 不需要再做一个类似于 Windows 的桌面系统。

如果你开机就上网，你可以直接上 Chrome，然后在 Chrome 上直接使用任何你喜欢的程序，比如字处理程序、表格处理程序、照片处理程序等。Google 不开发这些程序，但是 Chrome 免费给你展示这些程序的平台，如果你需要和这些程序相关的服务或“高级应用”，你可以通过“自服务”系统进行注册，然后 Google 与这些程序开发商分成。

虽然 Google 模式是一大创新并有着惊人的潜力，Google 毕竟还没有成为新的“王者”，也许，新的“节点企业”还可以突破 Google 模式。我们不妨联想，什么样的“新节点”还可能比 Google 更有潜力？很容易想到的是，向搜索方提供有价值的服务，并让搜索方交费获得这种服务，形成真正的双向的“收费站”。这不是不可能的，虽然这可能颠覆了互联网“免费”的黄金定律，但这也可能是互联网在精准服务上的一大突破。

一个为患病的父亲寻找特效药和最有经验的医生的“搜索者”，

愿意为最精准的信息付费；一个为寻找已经停产的老式相机的某个配件的“摄影发烧友”，愿意为散落在世界某地的二手商品信息付费……即使是在搜索这一领域，Google也远远没有做到极致。所有的广告，无论它已经变得多么“窄”，是否已经经过了“相关性过滤”，只要它不是提供“搜索者”最需要的信息，就仍然有浪费。而能突破这一点的是更聪明的“信息描述”，如果你能做到这一点，你就能建起新的“自动收费站”。而如果有这样的新一代搜索引擎出现，Google的地位就会被取代。

还有一种建立通道的方式和P2P技术相关，如果我们可以利用“端到端”的方式形成“共享社区”，那么新的“搜索”或“寻找答案”的途径就会大大拓宽。端到端的方式是号召有共同兴趣的人们加入到同一个“社区”，在这个社区中你需要分享一些你的资源，然后作为回报，你的同伴也开放一些他的资源给你。

一旦这样的社区成型，任何两个端连接上的时候都可以建立起分享机制，如交换“虚拟币”，而“虚拟币”越多的用户在社区中享有的权力越大。作为这样一个平台的搭建者，你可以决定发行什么样的“虚拟币”以及是否在每次交换的过程中“抽税”。虽然我们还没有找到最适合这种模式的典型组织，但是可以猜想，这种模式将以其“分权”和“去中心”的特点更容易得到推广。

无论是哪一种方式，都要面对建立“节点”的困难，节点几乎是不可复制的，它却可以被轻易地合并，如小水珠融入大水珠。这一点可能会让生活在“产品世界”里并习惯于复制新发明的企业很不适应。现在，企业和企业之间要竞争的不再是规模，而是创意和让创意发生作用的每个环节上的正确措施。

立刻行动：现在可以对你的企业做出哪些调整

作为企业的管理者，你不想对企业的模式做出太大改变——我们充分理解，所有的改变都是有风险的。希望能够有所行动，但却不想成为“先烈”。那么下面提到的方法可能符合市场趋势，同时又是“局部的调整”，不妨尝试一下！

（一）营销组织划分：按产品线改为按客户类别划分

很多企业的销售组织还是按照产品划分的，这是方便自己但不方便客户的做法。调整一下，至少在营销机构里看看能否按照客户类别来重新划分，如果这样做让你发现了某些客户对好几种产品都有需求，那更好，马上把这几类产品组合起来形成“套餐”。

（二）设置客户经理的职位，并以客户数量、流失率、客户价值等指标来考核相关岗位

客户经理可不仅仅是服务人员。客户经理也是你的“大客户专员”——让你的大客户随时都可以只找一个人就解决问题；客户经理也是你的“新客户发掘机”——他们只负责挖掘出新的客户，在新客户有了交易以后就移交给服务人员继续跟进；客户经理也是关注于某一类客户的“研究者”，像过去的“产品经理”跟随产品从研发到销售到服务全过程一样，客户经理跟随一类客户从潜在到成交再到可能流失，然后针对这类客户提出改进建议。

（三）寻找现有的每个部门对客户的增值点

除了销售部门，其他部门也一定可以找到对客户的增值点。

物流部门能提供客户需要的增值服务吗？增加快递服务，对那些有紧急需求并愿意支付更高价格的客户提供当天递送货物的服务。你的研发部门可以邀请一些“核心客户”来参与产品的设计，让他们感受到自己的意见被采纳、被重视。想想看还有没有更多的增值点？

（四）如果某些部门找不到任何增值点，考虑将这个部门外包以降低成本

数据录入、采购、甚至财务、人事工作都是可以外包的。外包的好处是你可以直接用成本或效益来签定合同，这样就节省了你管理这些部门的精力，也节省了成本。

（五）建立客户卡片，并努力把所有信息填写完整

还记得在上一章里我们提到过的客户卡片吗？现在就形成收集“客户卡片”信息的制度。

（六）停止没有效果的广告，把省下来的费用投入到Google排名中

如果不知道市场的效果怎么样，不能用数据来证明的情况下，就可以放弃这项投入，即使这种操作已经沿用了很多年。

（七）从客户整体需求的角度考虑可以和哪些机构形成“联盟”

只要这些机构的客户与你的客户重合，你们就有合作基础。如果行业中从来没有这样的合作，那么合作就会引起你的目标客户的

注意。

（八）创建用户社区，让他们自由沟通，从中得到创新灵感

不要担心他们聚在一起除了抱怨就没有更多的话题。从他们的沟通中能让你找到灵感。

（九）尝试设立一个新的部门来实现你的模式创新的想法

甚至可以设立一个新公司来完成这项工作，给它尽可能少的预算，如果事实证明是个好主意再决定是否扩张。这个公司的初期成员的平均年龄不要超过 32 岁。

（十）给企业中层以上经理每人发一本书

定个时间自由讨论读后感，记录这一次“头脑风暴”中闪现的火花。

本章小结

在“产品中心”的时代，企业最有利的位置是在“供给金字塔”的顶端，并利用现代的传播和连锁大卖场的力量，覆盖更多的消费者；在“需求中心”的时代，企业最有利的位置是在供给和需求的中间，协助买卖双方达成交换。在这个“节点位置”，企业将从控制者转变为支持者，从管理者转变为平台提供者。过去被视为由广告和流行驱动的“被动消费者”将成为生产者与消费者的合体，正是这些具有高度能动性，并渴望实现自身价值的“新人类”塑造了需求驱动的商业模式。

[转变3]

从“单向广告”到“口碑互动”

如何汇集类似的需求，并以成规模的需求拉动企业成长？如何才能让有相似需求的客户实现“互相寻找”？这是力图建立起“沙漏节点”的企业非常关心的问题。

在“经典价值链”的“推销”逻辑下，生产者自说自话，消费者总是被动地接受信息。然而，这样的营销方式企业无法知道消费者真正的需求，更谈不上精准地汇聚需求。

交互沟通是解开难题的钥匙。

第12节　低成本传播信息

利用口碑传播——达到临界规模，引起媒体注意——被媒体广泛宣传——尽人皆知，这就是以低成本实现高覆盖率的全过程。

一　口碑宣传更有效果

在我们曾经探讨过的模式创新中，有一种类型，也就是需要从客户方汇集类似的需求，并以成规模的需求拉动企业成长的这一类型，特别重视如何才能让有相似需求的客户实现"互相寻找"。这是力图建立起"沙漏节点"的企业非常关心的问题。

原因很简单，即使我们已经跨入"丰饶社会"，过去的"黄金定律"——生产数量和单位成本成反比的规则仍然有效。"规模效应"是"强者恒强"的基础，也是"赢者通吃"的秘密。

现在，新的商业模式也同样需要规模，或者说流量。而且这种流量不仅仅是来自于"供应方"的，更重要的是来自于需求方的"需求信息"的集合。在这一章里，我们主要讨论如何利用交互沟通的方法聚集起"相似的需求"。

你能想到什么方法最快将信息传播给大量的人群，比如1亿消费者？

报纸、广播、电视？

2006年FIFA世界杯足球赛的决赛，全球大约有10亿观众，这90分钟里一个3秒钟的广告，就可以让你的产品被10亿观众了解。看起来是一个不错的选择，但是这个方法有着巨大的限制。在这样的赛事中，可以插播广告的时间相当有限，而希望达到传播规模的企业如此之多，你必须支付令人咋舌的3700万美金才能挤进去。就算你跻身其中，还有一个难题是：规模是达到了，利润却被大大挤压了。

还有没有更便宜的方法？

1994年，在天津，一位名叫郭德纲的演员，除了会说相声以外，他没有更多的钱来做广告。他选择了看起来最“笨”的方法，长达十年的现场演出。

在一次访谈中他提到过有一次他们的观众只有一人。但是到2004年的时候，他的每一次现场演出已经可以聚集600多名现场观众。演出门票也“水涨船高”。

他承认早期他的知名度完全是依靠“一传十，十传百”的“口碑宣传”。在2006年，郭德纲的“铁杆观众”（他们自称为“钢丝”）造成的舆论已经引起了媒体的注意，在2个月的时间内，他被作为“草根艺人”的代表而频频被各大媒体报道，这让他“尽人皆知”。虽然有十年的坚持在先，但郭德纲自己也承认，他的“走红”更接近于“中彩式”的“鸿运当头”，对大多数的观众来说，他是“一夜成名”。

郭德纲的成名只是偶然发生的吗？如果我们把他历年来的观众人数画一条曲线，如下图（图4－1）所示。

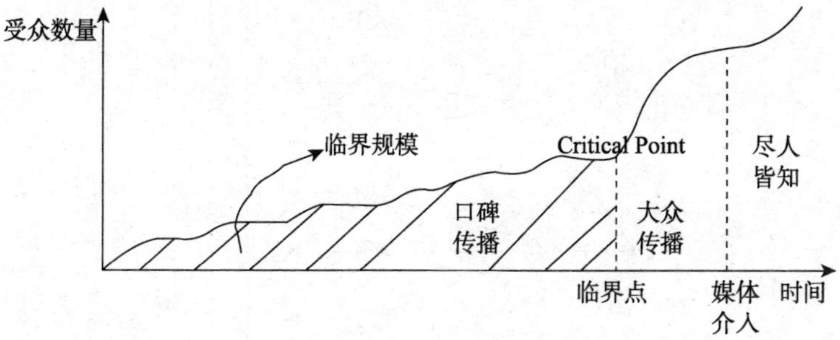

图 **4-1** 传播曲线

我们看到，“郭德纲现象”出现的关键在于口碑传播达到“临界规模”。一旦你突破这个关口，默默无闻的时期就会过去。此后，你仿佛启动了一个巨大的“自传播”机器，你不需要做什么，人们之间的相互交流就会把你的信息扩散出去。对郭德纲来说，从1名观众到100万名观众的积累历程他用了11年，而从100万到几千万观众他只用了3个月。

二 六度空间理论

让我们仔细看一看“一传十，十传百”的传播路径到底是怎样形成的，如图（图4-2）所示。

这就是“六度空间理论”。20世纪60年代，美国心理学家史坦利·米尔格伦提出的这一理论还有一个更简单的表述：世界上任何两个陌生人如果需要联络，中间最多只需要经过六个人的传递。这一规则在互联网出现之前就存在。“链条信件”利用人们的好奇心理，将一封信通过邮寄的方式复制到全球，按照一封信的投递时间为15天计算，你要做到这一点，所需时间大约为15年。

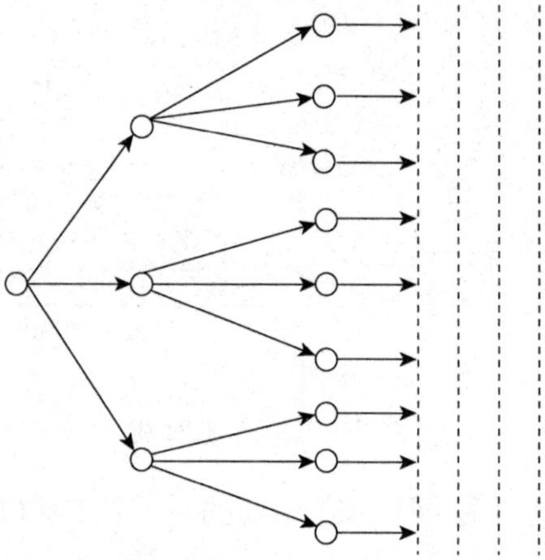

图 **4－2**　口碑效应如何达到临界点

互联网的魅力在于，现在你可以把达到“临界点”的时间缩短了。事实上，郭德纲在2005年把演出录像放到网上供人们免费观看，这一举动让他在很短的时间里就聚集了超过20万的视频观众。

互联网上，“六度空间理论”也被很多“奇迹”证明。Hotmail邮箱在创建后的一年半的时间里就吸引了1200万的注册用户，而且以每天增加15万的新用户速度继续扩张。在这一过程中，Hotmail只花了很少的营销费用，还不到竞争对手的3%。

1996年，四个以色列年轻人花了几个月的时间开发出ICQ，第一款即时通讯软件。六个月后，有85万用户注册，1997年6月（也是一年半以后）ICQ的同时在线人数达到10万。

世界上第一款语音即时通讯软件Skype几乎复制了同样的发展路径，2003年Skype由尼古拉斯·曾斯特姆和詹纳斯·弗瑞斯成立，在不到两年的时间里，用户数量就由10万人猛增到4700万人，超过180万人使用付费的Skypeout（允许用户从电脑拨打传统电话的服务)。这些“横空出世”的“杀手级软件”都没有投入大量的宣传成本，却都在很短的时间内（大约1年）就达到了“临界规模”。

如果你还记得上一章里的经典图形，你会发现它也适用于这里。

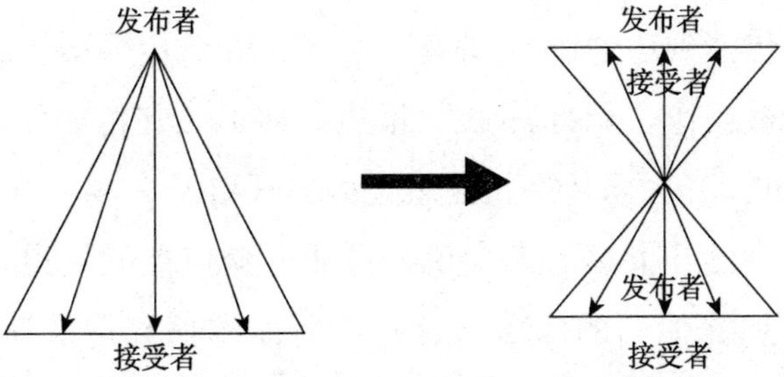

图**4-3**　从单向传播到互动传播

过去，信息的发布者和接受者分别在金字塔的顶端和底端。要大规模地发布信息，你就必须找到那些“信息发布源”，比如传媒集团的广告部，支付高昂的费用，然后不断地告诉人们产品如何好就行了。如果想确保人们听到，你还可以花更多的成本，覆盖各种媒体，提高说话的声音和频率，这被称为“整合营销”。

发布者关心的是“基座”的大小，也就是覆盖面，而不关心接受者的反馈。如果接受者换台的话，发布者可以让每个电视台都播放同样的广告。但是，这些过去有效的方法现在正在失灵。与客户的主动搜索能力上升形成对比的是，大众媒体、流行文化的打动力下降了。摘自《长尾理论》的一组数据：在美国，2005年好莱坞票房收入下跌了7%；曾在1987年达到巅峰的报纸读者数量下降了3%；报刊亭销量下降到了历史最低点；电视收视率的市场份额从75%下降到50%。类似的情况在中国也出现了。

在一个交互沟通的体系里，前面谈到的即时通讯软件变成了

“节点”，成为沟通平台的提供者，这是一个更复杂的相互作用的过程。据统计，每个使用 MSN 的用户平均会把 5 个他的朋友拉入到 MSN 这个平台上，这也证明了“六度空间理论”的正确性。如果看一下 MSN 或其他即时通讯软件的“好友数量”，你会发现它们都在 250 个左右，这也运用了“六度空间”中的定理之一，一个人所能直接联络，包括管理的总人数最多为 250 人左右。

在口碑传播到达“临界规模”之后，大众传播媒体就会产生兴趣，就可能被当作“新闻热点”报道，你不必支付宣传费用，只需要“接受采访”，大众传播机器就会为你开启。

对于那些已经了解的人来说，再从大众传播的渠道知道一次这样的信息会加深他们的印象。这样，后面的信息扩散速度就更快，范围也更广。

利用口碑传播——达到临界规模，引起媒体注意——被媒体广泛宣传——尽人皆知，这就是以低成本实现高覆盖率的全过程。

三　让信息免费传播

需要深究的是，为什么不是所有的信息都能像接力棒一样层层传递？为什么你会删除信箱里的垃圾邮件而不是转发出去？如果你想采用这种方式进行推广，这些是值得思考的。

Dr. Ralph F. Wilson 是美国著名的电子商务顾问，1995 年 7 月 Wilson 推出了一个网站，后来发展成为“网络营销信息中心”。他长期发行电子杂志《今日网络营销》，并撰写了广为流传的《增加网上销售的 12 种方法》等书籍。Dr. Ralph F. Wilson 提出要利用人们的“免费传播”力量，你需要做到以下六点：

（1）提供有价值的产品或服务；

（2）提供无须努力、向他人传递信息的方式；

（3）信息传递范围很容易从小规模向大规模扩散；

（4）利用公众的积极性和行为；

（5）利用现有的通信网络；

（6）利用别人的资源。

他还给这种方式起了一个有点吓人的名字，叫“病毒式营销”。他的总结已经相对全面，但是我们还可以更精简一些，从实际操作的角度来看，如果你能做到以下四点中的任意一点就“大功告成”了。

（一）提供或者与有价值的内容捆绑传递

即使你不能制作出人见人爱的 Flash；即使你不会说相声……只要能捆绑有价值的内容就可以。

例如 Hotmail 在每个通过该服务器发出的消息下增加一条“Hotmail—Your Free E-mail”的信息，就可以随着有价值的电子邮件内容传播了。当然要用这个办法的前提是你得有机会实现捆绑，如果你不能提供邮件服务器或照片存储空间，至少你可以尝试一下“互换链接”。

（二）形成互动群体

大量的信息被发布但没有被传播，是因为接受人没有感觉到他被纳入了群体。人们加入一个群体因为他们有共同点，他们能从群体中获益。你的创意如果能让传播的“中间人”感受到这一点就能被迅速复制。

例如“单身者黄色手环”的创意，这个手环的起因是一个近乎玩笑式的促销品。上海一家公司订购了500个黄色的橡胶手环并在一个网站上发布消息：2005年5月1日，任何单身者都可以到淮海路的广场上领取这样的手环，其他的单身者看到有人戴这种手环，就可以上前自我介绍，这样就可以扩大单身人群的交友范围，让他们更容易找到伴侣。没想到黄色手环开始流行，有人专门销售这种黄色手环并且赢利。

在这种传播过程中，信息的接受人实际加入了一个群体，并且能够从群体的扩张中获益。想想看，MSN、ICQ、QQ……所有的即时通讯工具都是这样传播的。

（三）追踪传播效果并连续发起传播

靠一个创意就达到“尽人皆知”的地步的确有很高的难度。困难在于：当传播进展到某个中间节点，由于接受人的懒惰，或者随着覆盖面的扩大而降低了针对性，传播效果就会衰减，在没有达到“临界点”的时候就销声匿迹了。如果你能追踪传播的效果，在发现有衰减迹象的时候再发起新的传播，就容易延续到“临界点”。

所以，保险的方案是制作一个系列的传播内容，隔一段时间发送一次。几乎所有走红的“网络歌手”都有好几首而不是一首流传广泛的歌曲，而且他们都是分期上传的。不管是有意还是无意，总之，有了“连续传播”的效应。

（四）重视“核心支持者”并提升他们的传播热情

苹果公司在设计人群中一直有很高的声誉，苹果的图形设计软件一直是他们的最爱。当苹果“不务正业”地推出MP3播放器的时候首先也是赢得了他们的认可。这群“核心支持者”的忠诚度非常高，而且由于他们在各自领域的专长形象，他们的推崇为ipod打上了时尚、个性的标签，白色耳机借此从狂热的音乐爱好者走向大众。

为什么歌星、影星都很重视培养忠诚的“粉丝”群体？因为他们的传播能力远远高于普通的信息接受者。

总结一下，要实现低成本快速传播，而且要能达到足够大的覆盖面，突破临界点，你的传播方案中需要不断加强这几个参数。

（1）加强传播者之间的联系，让接受者产生互动、应变或感触，他们就有继续传播的欲望；

（2）提升单个传播点的扩散能力；

（3）让传播形成层级，早期的“发现者”在传播过程中，如果能够有作为“先锋”的成就感就更容易扩散；

（4）增加传播的发起频率。

如果愿意，你可以尝试用这四个参数分析一下，刚刚出现的微博热点新闻都满足了上述的哪几个条件？为什么有的新闻会被迅速传播，而有的很快就销声匿迹了。

还需要注意的是，不仅仅是那些你希望的信息能够沿着这样的规律扩散；还有很多你无法控制的信息，通常是负面消息更容易达到“临界规模”。

第13节　广告能变多窄

如果说上一节里我们讨论的是如何利用交互沟通形成传播规模，那么这一节里我们要讨论的是交互沟通带来的精准性提升。希望阅读完这一节内容之后，你会发现精准性是关键的指标。

一 “批次化沟通”的局限

在“经典价值链”的“推销”逻辑下，消费者总是被动地接受信息，无论是塞进邮箱里的“卫星电视”的宣传单，还是电视里的保健品广告，都没有问过信息的接受者是否需要知道这些信息；另一方面，为了给自己的相机配一款专门的锂电池，消费者要跑遍全城的电子商场。为了给自己的春装配上一款同色的手袋，女士们要花整个周末或者更久的时间。

交互沟通，除了能够把信息口口相传，更重要的是能够在互动过程中准确定位需求。利用更好的沟通方式、方法，才可能找到更加简便、有效、低成本的解决之道。当需要聚合大量的、类似的客户信息，然后反向寻找供应商的时候，这种竞争优势体现在不仅能够创造规模的需求，还能比“大卖场”更准确地满足不同客户的不同需求，这些都要依靠不断的交互沟通来提升精确性。

> 中国图书进出口总公司（以下简称“中图”）是中国最早的图书进口商，在五十多年的发展中积累了大量的科研院校、学术研究院等专业性很强的客户。过去，当中图进了一批新的国外原版专业图书以后，他们把这些新书信息编成目录，然后发放给图书馆的管理员，请他们把《新书目录》放在阅览室的书架上。如果前来阅览的专家、学者对某本新书感兴趣，就会告诉图书管理员，再由他们负责采购。

在这个过程中，供给方和需求方的沟通不是直接的，就像下图（图4－4）的状况。

在这种“信息转手”的过程中，中图只能依赖《新书目录》这

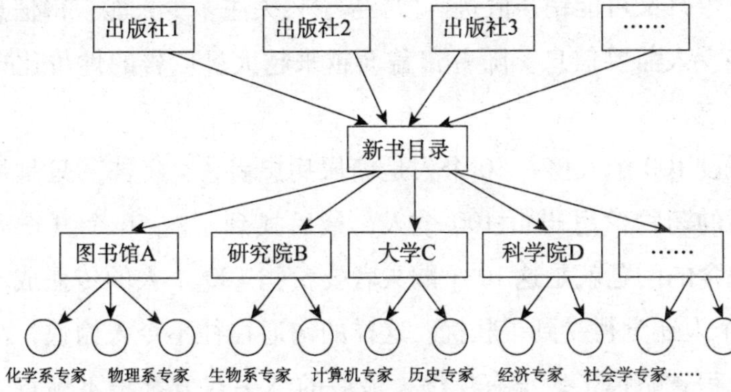

图4－4　中图公司传统的信息沟通渠道示意图

个媒介。供需信息经过了集中又分散的过程,《新书目录》这样的沟通中介就必须汇集所有的新书信息，对需求者来说，每位专家感兴趣的内容只是有限的几个“词条”而已。而且编撰这样的目录需要一定的时间和信息积累，这一过程阻碍了供需双方的信息沟通的频率。如果《新书目录》一个季度出一次，那么沟通的频率是一年四次，这对出版商和读者来说都不是好消息。

不要认为这是一个特殊的案例，几乎所有的市场都有类似的问题。服装厂并不是只在换季的时候才能加工服装，但是由于铺货时间的限制，大批量的“新产品”只能集中在一年当中的几个时间点。所有商品的制作过程：大到飞机，小到针头线脑，产品的制作和上架都需要时间，而在“产品中心”的运作体系中，如果不是新产品就要上架了，供需之间就不能相遇，更不要提沟通。这种“批次化沟通”是不顺畅、不平滑的，是没有前因后果和连续性的沟通。

“批次化沟通”带来的问题还包括信息在发布的时候没有针对性，它们只是为了制作和传播的方便而被捆绑在一起，然后等待需求者从中找到真正需要的那一小部分信息。

最典型的“批次化沟通”就是广告——它们单向地从供给方发布出来，没有选择性地传递给大量的人群。这个月它们似乎无处不在，下个月又可能销声匿迹。“广告”只关注多少人能获得信息，忽略掉多少人需要信息。随着覆盖面越来越大，广告的性价比也越来越小。

假设100个人里有10个人是糖尿病患者，“广告”只是把治疗糖尿病的药物信息告诉100个人，最后找到了这10个真正需要的人，隐含的问题就是这10个购买者要负担100个人的传播成本，另外90个人还觉得受到了骚扰。这样的沟通往往不令人愉快，沟通的中间过程省略掉了，没有反馈，最后的结果双方都很不满意，而且成本也很高。

有没有更好的办法呢？我们可以尝试让沟通脱离产品进行。利用交互沟通让供需双方能够保持长期的联络，精准地锁定需求，现在，这已经是可行的了。产品上架之前的信息轰炸不能替代客户沟通。我们需要改变一些既定的思维模式，找到更高明的方法。

二　交互沟通提高精确性

（一）不管产品，先去了解需求

在新的方案中数据库技术发挥了巨大的作用。但要让它为你的企业服务，前提是你要先积累起“偏好档案”。我们可以把偏好管理看做是新的“交互沟通”的起点。不要管产品，先去了解需求。在需求尚未成熟之前就去了解它的某些方面——比如爱好、兴趣、专业……然后把这些信息汇聚成可以和某些产品匹配的“需求”。就像中图做的那样，通过记录每位“终端客户”——专家的阅读偏好，中图可以重新把《新书目录》中的每条新书信息和偏好匹配，再决定把哪些信息发给哪位专家。这样“批次化沟通”变成了更精准的交互沟通，如图（图4－5）所示。

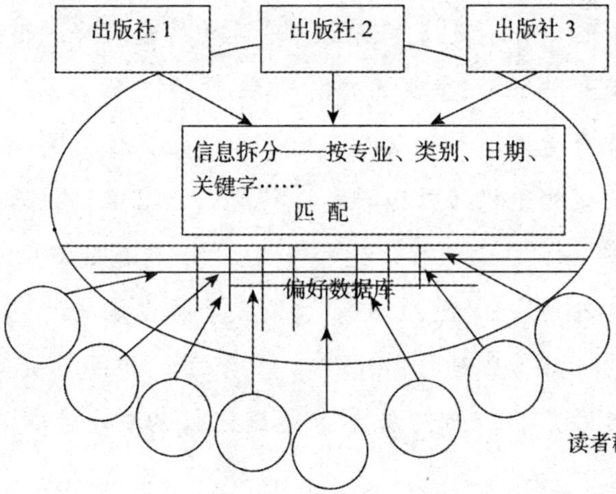

图4-5 个性化的新书推荐

中图的重大改进是将批次化的信息发布，逐步转变成随时与需求匹配的“关联信息”的传递。他们将出版社给出的新书信息按照不同的方式进行索引，然后与专家读者的“偏好”进行匹配，以电子化的方式将最相关的新书推荐给这个领域的专家。中图的“海外图书采选系统”还随时接受专家的阅读搜索信息，以不断丰富它的内部偏好数据库。通过这样的改进，新的方式更接近于实时的、相关性很强的“交互沟通”了。

“海外图书采选系统”的上线直接宣告了过去一季度一次的“新书目录”的终结。虽然不少专家学者已经年近花甲，但对新的方式都非常认同，他们甚至为此专门去学习如何使用这个系统。因为系统带来的益处是显而易见的。

（二）“变窄”后的广告针对性强

对消费者来说，这样的改善意味着他们获得的是“变窄了”的广告。

变窄了的广告不是城市高速公路旁的楼盘路牌，而是寄到你邮箱的精美楼书，有着准确的称呼和你的“新邻居”的简介，他们都和你有着差不多的收入、地位和生活品位；变窄了的广告不是随机发送的手机短信，而是在傍晚六点准确打到你太太那里的“投资讲座”邀请电话；变窄了的广告不是在路旁拉住你要为你介绍意外伤害保险的推销员，而是和你新购买的大包装尿布一同寄来的“儿童保险”申请单；变窄了的广告不是电视剧里插播的保健品广告，而是居委会大妈组织的中老年健康之旅的“周末游”。

正是因为有了预先的匹配，这些信息虽然还是“广告”，但是针对性大大增强了。

把过去统一发送的批次信息细分，然后根据偏好进行发送，就能提升沟通的有效性。另外，交互沟通还包括在得到了反馈之后的迅速跟进。

一位北大化学系的王教授不仅能上网随时查看关于“多分子研究”的最新出版读物信息，当他对“多分子的水溶性”课题特别感兴趣的时候，“海外图书采选系统”还能够提供给他在中国科学院、美国弗吉尼亚大学和德国拜耳实验室的其他同领域的读者推荐的论文和书籍。他可以与他们直接沟通，他们可以在这个平台上建立一个“虚拟的群体”。

这个群体中的任何人在有新的研究进展的时候，只要在“群”内发布信息，群里的其他人都可以同时获得这样的信息；他们也可以把已经订阅的书籍进行自由的交换或共享，所有这些信息都可以选择是否立刻发送通知到王教授的手机上。书籍也可以被分章购买，订购后立刻发送到他的 iPad 阅读器上……群内的人可以分别购买不同的章节，然后继续进行他们的讨论……

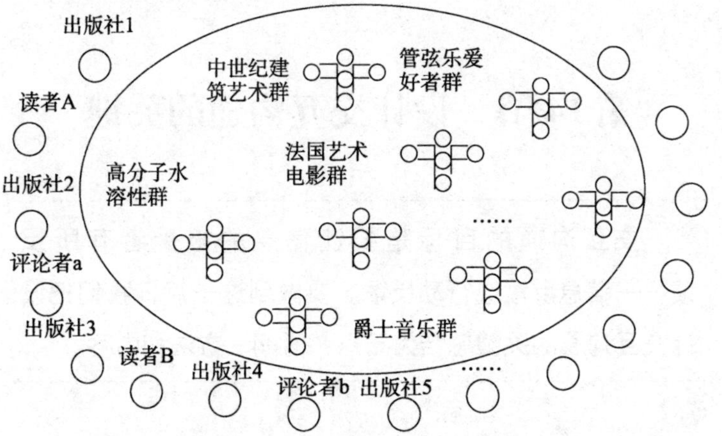

图 **4-6** 群体智慧的形成

在这种新的交互沟通中，每一次信息的传输都是和需求者相关的，而且沟通的频率加大了。信息在沟通中得到了重组、扩大和多次分类。交互沟通可以帮助把信息组织成智慧，这正是网络世界中的先锋人物，例如“维基百科”的创始人吉米·威尔斯一直在探索的主题：如何形成群体智慧？群体智慧是怎样在交互沟通中形成并被传承的？他的探索已经揭示要形成“群智”，需要满足以下条件：

（1）平台本身是一个强大的数据库，不仅可以存储大量的沟通中产生的“碎片化”信息，而且可以快速地进行分类、匹配和总结，从而更容易让“后来者”获取前人留下的知识。

（2）平台可以根据用户的偏好信息匹配所发送的信息，确保这种沟通是精准的、有效的；对“初始内容”的评论、评价、阅读次数、回复次数、打分……“群智”不仅仅体现在内容的开放性，也体现在多人对同一内容的反馈中。

（3）平台提供了让类似人群相互认识和“自组织”的能力，因此可以不断演化，每个“群落”的构成、平台上的内容、人们的参与程度都在不断演变。

第 14 节　设计交互沟通的关键

交互沟通的目标是要让信息的接受者有所反馈——信息反馈或行动反馈。要做到这一点，我们把设计交互沟通的关键总结为三点：时间、方法和内容。

我们已经知道，交互沟通如果运用得当，会发挥出两大优势。

一是利用人群的口碑传播形成“热点”，然后借助传统媒体的力量以低成本迅速扩大“知名度”；

二是利用沟通的频率和信息的针对性加强沟通的打动力，也就是给出最关心的答案，建筑社区的“信任度”。

越来越多的实践者看到了这其中的机会，但操作成功并不容易。很多企业想尽办法筛选出目标群体，并把信息传送给他们，但沟通的效果时好时坏。无论你如何找到你的目标群体，无论你自认为多么精准，同样的信息、同样的途径发送多次之后对方还没有反馈，你就面临着要被人投诉的风险。

交互沟通的目标是要让信息的接受者有所反馈——信息反馈或行动反馈。要做到这一点，我们把设计交互沟通的关键总结为三点：时间、方法和内容。

一　选择正确的时间点

有一位总经理在听完关于“客户沟通”的讲座后，把客户沟通等同于客户回访，并且毫不犹豫地在自己的每个部门里都增设了一个回访员的岗位，结果他的每个客户都要接到十几个电话，分别问他们关于销售、产品质量、研发、运输甚至前台接待的意见。然后我们不得不多花几倍的时间，来调整并重新设计这位总经理的沟通点。

的确，回访是一种沟通，但是不能简单处理。你的客户如果接到太多的咨询电话会感到疑惑，会觉得被打扰而恼怒。当这些问题还相互重复的时候，甚至还会心生怀疑。设定客户沟通点的基本思路还要放弃对你来说最简便、最熟悉的方法——以自己为中心的方式。客户沟通的设计必须以客户为中心，围绕着客户来进行。

从哪里着手设计客户沟通点？从客户行为分析开始是值得尝试的。

不同的客户有着不同的行为方式。让我们选择一个比较有普适性的客户行为分析作为例子。

一位都市女性在考虑：是否应该换一个像素更高的数码相机？在《周末画报》上曾经看到的那款就不错，是佳能品牌的数码相机，这个阶段我们称为“**需求认知**”。

接着，她开始到网络上寻找，网上有这款佳能 PowerShot 系列的介绍，她仔细比较一下有什么同类的相机，这个阶段是“**信息搜索**”阶段。

将这款相机和同类别的几个待选相机都放到“我的收藏夹”里，她要再考虑一下，这是“对比选择”阶段。

今天收到一封E-mail，在“七夕”期间佳能相机有促销活动！她喜欢的那款型号赠送皮质相机套，并免费升级容量卡！决定买了！这时她做出了“购买决定”。

最近去了一趟“九寨沟”，拍了好多漂亮的照片，怎么打印出来呢？到佳能的网站上去看看……这已经到了“购买后行为”的阶段。

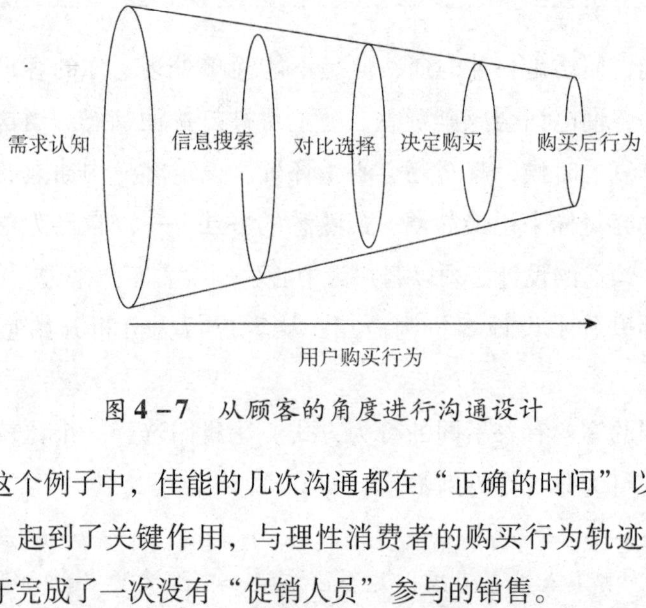

图 **4-7**　从顾客的角度进行沟通设计

在这个例子中，佳能的几次沟通都在“正确的时间”以“正确的方式”起到了关键作用，与理性消费者的购买行为轨迹相吻合，最后终于完成了一次没有“促销人员”参与的销售。

1. 第一个关键的沟通点在“需求认知”阶段

这时的沟通目标是向目标人群传递需求信息，注意不是商品的详细信息，而是激发需求，更接近于树立品牌。

2. 第二个关键的沟通点在“信息搜索”阶段

这时的沟通目标是提供商品的详细信息，保证商品的价格和性能定位满足客户需求。

3. 第三个关键的沟通点在“对比选择”阶段

这时的沟通目标是打消客户疑虑，并给客户“物超所值”的感觉，促使客户做出购买决策。

4. 第四个关键的沟通点在“购买后行为”阶段

通过服务让客户感受到商品之外的价值，提升客户的忠诚度。

在这个例子中，交互沟通不是一次性的，而是多次的。可以肯定的是，每隔一段时间就重复地、单向地发送一次信息绝对不是交互沟通。重复播放只能让信息传播出去，但交互性没有增强。

还记得在第二章里我们分析过的“客户生命周期”吗？我们将客户按照他所处的状态进行分类，潜在客户、机会客户、成交客户、忠诚客户……交互沟通的目的在于推动客户状态发生改变。

因此，要找到状态发生变化之前的时间点，也就是你应当考虑设计的最佳沟通时间点。当客户状态发生变化的时候，他的行为会传递出这一信息。例如，他开始寻找、提问、咨询、比较、试用……对大多数企业来说，这些“反馈行为”被忽略了，或者，即使有心了解，却无处着手。更难办的是，这些行为分散在不同的时间点上，这就要求要有一个从客户角度出发的、完整的信息收集平台，能够持续地把各个接触点传回的信息，放在同一时间纬度上进行分析。如果你能再回头去看看第二章中的“客户档案卡片”，你就会发现，上面的时间顺序对应的行为变化是多么重要。

二　沟通最恰当的内容

想象一下，对刚有需求认知的顾客进行大量的“折扣轰炸”会有什么效果？可能破坏了你苦心建立起来的“高端”品牌形象。在前面“佳能相机”的例子中，如果没有那封及时送达的“问候+优惠”的 E-mail，顾客的购买决定可能还要拖延很长的时间。我们还可以将这样一位理性消费的客户心理的转变画成曲线，如图（图4－8）所示。

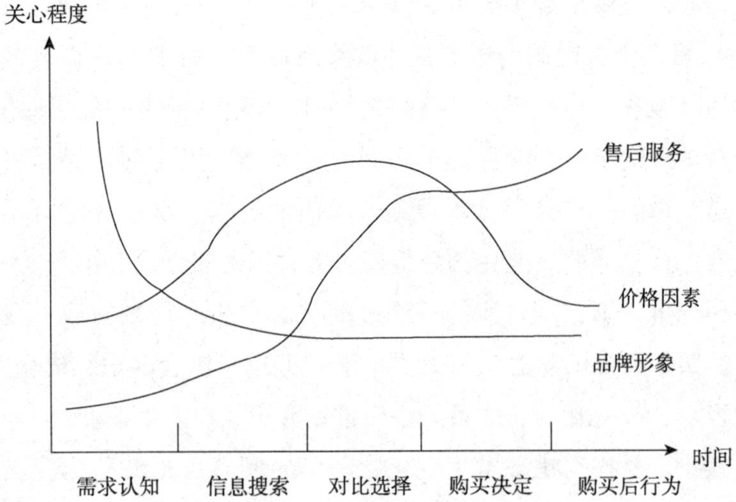

图 **4－8**　不同阶段客户关心要素的变化

客户沟通点的设计应当与客户的消费心理相吻合，在不同的阶段才能产生效果。仍然以购买数码相机作为例子，在不同的阶段，顾客关心的要素也不尽相同。

例如，品牌认知在需求认知阶段的关心程度很高，但是之后就会保持在一个比较均衡的水平上；价格因素在信息搜索阶段很重要，在这个阶段，“低价格”可以吸引眼球；但到了“对比选择”阶段的时候，价格已经不能左右顾客的选择了，因为他已经设定了心理价位区间，比其心理价位底线还要低的价格同样会被排除；售后服务、特色亮点这些开始看起来不重要的因素反而成了客户做出购买决定的主要因素。

当然，不同的产品、不同的客户都会画出不同的曲线，你可以考虑更多的要素，例如：方便性、风险、购买方式等。当你开始站在客户的角度来看这一切的时候，对沟通点的设定是否清晰了许多？

三　选择最好的沟通渠道

越来越多的企业已经认识到与客户沟通有多种方式，这些方式应当被综合利用，才能保证客户从不同的渠道获得一致的信息，从而不断增强他们消费信心。为了帮助你在多种渠道进行辨别与比较，下面给出一个参考表。

表4-1　不同的沟通方式对比

传播方式		单/双向	精确度	成本	地域限制	专属优势	制约因素
媒体宣传	电视媒体	单向	低	高	低	短期影响大	高成本
	平面媒体	单向	中等	较高	高	高信誉度	不易追溯
	户外广告	单向	低	较高	很高	较长期影响	信息受限
	广播媒体	单向	低	中等	高	重复率高	接触率低
电话		双向	高	低	高	回复迅速	成功率低
直接邮件投递		单向	高	低	高	地域高覆盖	回复率低
面对面		双向	高	高	高	打动性强	复制困难
电子邮件		双向	高	低	低	容易大批量	阅读率低
传真		双向	高	低	低	阅读率高	回复率低
互联网（静态，如网页）		单向	低	低	低	低成本 长期影响	互动性低
互联网（动态，如即时聊天或在线调查）		双向	高	低	低	即时性强	形式感弱
……							

沟通方式应当服从于沟通目标。

像客户服务这种需要双向即时做出反应的沟通来说，电话和网络都是很好的渠道。如果能够把询问进行初步的分类，就可以大大提高处理沟通请求的效率，这也解释了为什么从2000年以来，大量的呼叫中心在中国企业被部署和应用，尤其在电信、民航、银行等拥有大量客户的企业，这种可以同时处理多个请求的客户服务中心正在担当越来越重要的“客户界面”的职责。

对某些行业来说，例如系统集成、大型设备制造等“方案提供商”来说，由于沟通的内容复杂，客户的选择判断与展示效果相关，所有的方式都不能替代“面对面沟通”，即使在语音、数据和网络沟通工具十分发达的今天，关键的会谈，仍然需要有经验的方案专家到现场展示。但是，新的手段，例如网上演示、远程工具都可以作为辅助工具以降低沟通成本。

虽然沟通的方式多样，我们可以大致分为两类。

（一）为了树立品牌、扩大认知度而进行的沟通

这种沟通方式，偏向于向大量的潜在客户群进行单向的信息传播。主要是“我说你听”，如果能达到“我说你记”的效果更好。但是这种看起来完全由卖方主导的沟通实际上也应当是双向的。因为消费者不会无缘无故地“你说我听”，没有与消费者的“需求认知”相匹配的沟通就是失败的。

（二）为了推动消费者做购买决定而进行的沟通

也可以称为“打消顾虑”的沟通。这种沟通需要个性化的、准确的、双向的交流。

因此，可以说，所有适合品牌传播的方式，都不适合用来打消某个客户的具体顾虑，推进他的购买决策。遗憾的是，很多企业仍然认为客户沟通只有传播一种需要。他们愿意花重金去竞争中央电视台的“标王”，却把这个层次的沟通交给代理商、售货员和推销员。我不否认在一万个推销员中会有天才存在，但是这样的沟通效

果注定是参差不齐的、难以管理的。表现之一就是无法预测销售收入。

很多企业在年初制定目标，而对目标是否能完成基本上"心里没谱"；很多企业的老总永远摆脱不了"大销售"的角色，因为一旦把这种沟通放手给别人去做，效果就难以控制。

实际上，本节中所讨论的交互沟通的三个要素：时间、内容和途径，正是为了把最有效的沟通方法提炼出来，并且设定可以测量的指标，例如回馈率，来测试它们的效果——也就是客户状态是否如期发生了改变。这样，企业的业绩不至于依赖那些"天才销售"，就可以找到一套可复制的、可控的方法。

第15节　应该花多少钱进行交互沟通

你的成本底线在哪里？更精准、更恰当、更综合的手段都会增加成本，如何判断我们是在创造利润而不是侵蚀利润？

一　收集各种沟通回馈的数据

如果你对"交互沟通"没有把握，也许你会选择把这一部分工作外包给专业的营销规划公司、公关公司去做，事实上，最近这一类企业的确也获得了不少订单，包括过去从来不考虑做"互动营销"的传统企业的订单。对此，我们的建议是你当然可以外包给呼叫中心或者"精准营销"机构去解决这个问题，不过做这个决定的时候请三思，交互沟通孕育、汇集、了解、牵引和延续了需求，如果你把这一切全部外包，就有可能失去了核心竞争力。

无论是外包还是打算在企业内部规划和执行与客户之间的交互沟通，有一点是你必须知道的：你的成本底线在哪里？更精准、更恰当、更综合的手段都会增加成本，如何判断我们是在创造利润而不是侵蚀利润？

要回答这个问题，我们首先需要各种沟通的回馈数据，在每一种沟通方式中都增加收集反馈的步骤，这些步骤能够带给我们进行性价比分析的基础数据。

如果你对“收集反馈”的方式比较陌生，看看下面这张表（表4－2）。

表4－2　如何在单向沟通中增加双向互动性

方　法	目　的	数据收集点	数据说明
在电视、报纸上刊登800或400免费电话号码	在单向传播中增加与受众互动手段，激发观众、读者的行动意识	反馈率＝固定时间段的反馈数量/传播覆盖人群	反馈率可以帮助了解广告内容的打动力，对受众人群选择的精准程度
在优惠券或包装材料上增加“贴花”，并辅助抽奖等促销手段	促进关联销售，了解客户的忠诚度	贴花回馈率＝客户剪下并传回的贴花数量/发放的贴花总数	贴花回馈率可以说明同一个客户多次消费的状况，了解核心客户的忠诚度状况
在门店内布置“客户体验中心”，并收集客户信息	传播品牌增强潜在客户的品牌认知	潜在客户信息收集数量、客户联络方式准确率	适合高端产品和新产品，有助于推广企业品牌并发展潜在客户群
登记信息并辅助发放“免费试用装”等小包装产品	收集客户信息	潜在客户信息收集数量、客户联络方式准确率	适合大众消费品，登记的客户往往比普通受众有更强的品牌认知，也更关注产品功效

续表

方　法	目　的	数据收集点	数据说明
在公司主页上增加网络调查并辅助“抽奖”等促销方式	收集客户信息及他们的需求偏好	客户信息收集数量、持续点击频率	适合电子消费品，售前和售后都可以采用的双向沟通方式
鼓励用户留下他们的信息以换取有价值的资料、讲座、赠品等	收集客户信息及他们的需求偏好	客户信息收集数量，客户领取赠品的比率，领取赠品后再次联络的频率及时差	有一定成本，适合高端商品的推广，采集的数据有较强的针对性
……			

如果我们选择了正确的时间、方式和内容，就应该有数据说明消费行为在达成销售之前的各个时刻，都经过了什么样的路径。收入报表上的每个数据都应该有其他的关联数据，说明这个结果从何而来、又是如何得到的。

这就是为什么在设定每个客户沟通点的时候，我们强调对沟通结果的记录与统计的原因。有了这些数据，前提是我们坚持在每个环节都收集到完整的真实的数据，这样就能说明有多少客户、如何做出与我们成交的决定，又有多少潜在客户在中间的某个环节掉头而去。

所有的沟通都有结果，好的或坏的，不应该是你不知道的。统计来自于每一个个案，统计结果反过来可以预测个案的结果。通过不断地实验、对比、矫正、再对比，我们就能摸索出最佳的“沟通方案”。

为你做过的沟通方法画一个示意图（图4－9），将此方法的覆盖人群和成交客户按比例放在漏斗的上下两端，看看你的“漏斗”是接近图a还是图b？例如，采用电视广告的方式，你的覆盖人群是

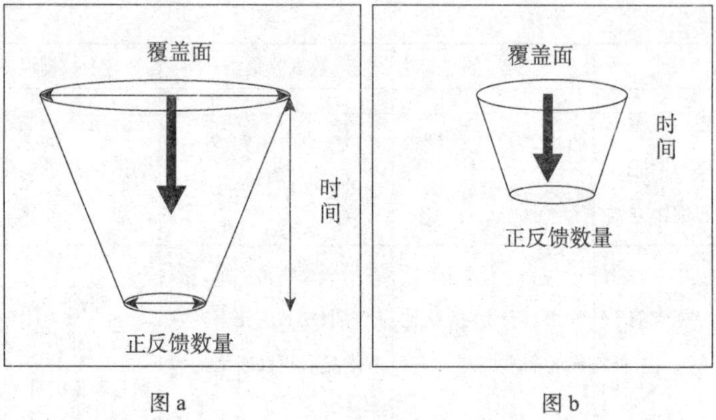

图 4-9　有效的沟通促进业绩提升

1 亿，1 年的成交客户是 100 万；采用网络定向推广的方式，你的覆盖人群是 100 万，8 个月后的成交客户是 5 万，那么这两种方法就可以用图 a 和图 b 来做区别。

在不断地实验、调整、对比、改进，好的沟通方案的效果应该向图 b 靠拢。图 b 比图 a 有着更精准的覆盖面、更短的反馈时间和更高的转化率。仍然用上面的例子，从收入指标上来看，电视广告的方法带来了更高的销售额，但是如果能把网络定向推广的方法扩展到更广的区域，同时保持成功比率，那么后一种方式无疑能带来更高的利润。

二　交互沟通的三个量化指标

如果你打算把交互沟通外包的话，记得将下面的三个指标量化为合同标的，这样，你就可以确保你花在互动沟通上的费用能够带来更好的销售业绩。

（一）沟通覆盖面的精确性

宜家家居收集了大量家庭主妇的邮寄地址，定期为她们寄送最新的家具目录，这些目录上有彩色图片和吸引人的价格。假设他们是按照“扫楼”的方式投递这些目录，效果会怎样呢？假设他们是在当地发行量最大的日报上刊登分类广告，效果又会怎样呢？假设他们是在超市向家庭主妇提供这些目录呢？跟不同的人群进行同样的沟通，结果的差异反映出该计划选择目标客户的精准性。选择得越精准，直接发送到可以做购买决定的人群中，效果就越明显。

（二）反应时间

假设你是一个大型购物商场的客户经理，在商场中举办“在本月月底之前来店消费，即可享受返还来回车费”的活动，就可以从回收到的车票中，精确地知道这些客户分散在商场周边的哪些地方；他们通常会以多快的速度对你的推广计划做出反馈；每百人里有多少人提交了车票。这些数据：地域分散度、反馈时间和反馈率都是你需要仔细分析的数据。把这些数据与“周末折上折”活动做对比，你就可以知道哪些活动更吸引客户。肯德基在每张优惠券上设定日期，旧的优惠可以更新为新的优惠，这样才能持续收集数据。

（三）转化率

我们已经分析过理性客户的消费行为路径，在他们经过的重要关口：认知、比较、决定和服务等方面都设定记号。网站可以提供详细的浏览数据，呼叫中心不停地自动收集客户来电的时间和时长等信息，这样你就知道了每个阶段客户的转化率，所有能提升转化率的尝试都是值得的。

关联案例：为休闲食品企业设计的“交互沟通”方案

行业背景

据统计，目前中国休闲食品销量在200～300亿左右，未来几年估计每年增幅在15%左右。最新市场调查显示，休闲食品在超市、重点商场食品经营比重占到10%以上，名列第一；销售额已占到5%以上，名列第三，仅次于冷冻食品和保健滋补品。

虽然休闲食品在中国发展很快，但是发展并不均衡。

从2005年休闲食品各品类的销售份额看，薯片、牛肉干是占市场份额最大的新生品类，经过几年的发展，已占据休闲食品各品类销售总额的45%。但调研也发现，现在牛肉干、薯片类产品已进入停滞不前的平台期，层出不穷的食品安全问题和消费者对健康、营养的追求，上述两个行业的压力越来越大。许多靠牛肉干和薯片类产品发家的企业，正在寻找新的出路，经销商也期待有新意的产品横空出世，人们消费观念的转变使得休闲食品走上了时尚化道路。

对上游牛肉干加工企业而言，从2000年以来，鲜肉价格暴涨，牛肉干进入微利时代。另外，产业没有形成规模，经营者各自为营，多以家庭小作坊生产加工为主，因而对鲜肉的需求量不大，养殖行业无法实现规模化。鲜肉价格不可控制，成品价格又不能随意调整。这样，企业就不得不承受鲜肉价格上涨、成品价不涨反降的双重挤压。

企业背景

××集团有限公司组建于2004年，现拥有总资产2亿人民币。公司一直致力于“休闲食品”的创新与营销。尤其是牛肉干制品，因其营养、健康、高档而深受消费者的青睐。休闲食品虽然在中国食品行业发展迅速，但是随着竞争的日趋激烈，企业的利润率一直下降。

按照公司日加工量为30～50吨牛肉的生产规模，和每吨牛肉的毛利率为20%计算，公司的年利润为3.2亿，利润6400万。但是，随着营销费用的不断上升，即使是高端牛肉干产品，20%的毛利率也很难维持，要进一步提升企业的赢利能力，就要确立营销费用控制在什么水平。

营销困境

当公司老总准备将企业的拳头产品“××牛肉干”进行全新的营销定位的时候，他发现：休闲食品行业已经进入完全竞争阶段，企业利润日趋平均化，行业整合、市场细分即将完成。无论是靠媒体进行品牌推广，还是靠经销商进行当地拓展，至少65%的利润将被营销费用吞噬。

以下是几项基本数据：

（1）如果在一类电视媒体投放广告，如黄金时段投放广告需要的市场费用至少100万/月；

（2）在一类快消类平面媒体投放广告，如《精品购物指南》上投放广告价格约为8万/月；

（3）如果考虑进入家乐福等卖场渠道，一个卖场平均收取的

“进场费”在10万左右，如果要打卖场广告，还需投入约30万/区域；

（4）如自建渠道，每个10万人口的区域或城市，综合店面租用成本、装修、人员成本，每月须投入3万，全国大约投入300万/月。

营销方案

（一）优秀设计一

1. 目标客户群

大中城市中的年轻群体。

2. 营销方案

自营渠道，建立自有品牌。采用连锁加盟方式迅速扩张，并将自营渠道逐渐打造成“休闲食品联盟”的营销通道。

3. 借鉴案例

“上海来伊份”采用市场上比较成熟的品牌授权方式，由食品厂出资，利用公司现有的供货渠道，以“我开店，你经营”的合作方式，共担风险、同享利润。采用“来伊份休闲食品”特有的合作经营模式，吸引本市有志于休闲食品的人员参加，扩大公司在经销休闲食品市场上的占有率和社会知名度。虽然自建渠道需要承担的前期费用较高，但是一旦成功，就能形成一个“节点”，可以向其他食品厂商开放，使之成为“利润通道”。

4. 成本分析

如果加盟商愿意承担一半的运营费用，每月只须投入1.5万，比所有其他的渠道建设省时、省费用。

基本计算：品牌投入费用：采用公交车车身广告方式，每年费用在10万左右。

5. 可收入加盟费

1万/店，当10万人区域的加盟店达到10家左右就可以维持平衡；加盟品牌成熟后，可引进其他“休闲食品”厂商分摊成本。

6. 方案点评

优点：该营销设计有创新意识，发挥了市场调研精神，增加了原案例中没有提供的背景数据，在他人成功基础的上进行方案设计，说服力增强了。

缺点：没有考虑到食品连锁加盟方式对物流的要求，可能这方面需要投入的成本比想象得要多，而且如何在短期内达到规模效应缺乏可行性分析。

（二）优秀设计二

1. 目标客户群

针对休闲食品时尚化的特色，细分现有市场，专门开发针对男性青少年的“牛肉干”市场。

2. 营销方案

借鉴“红牛”、“王老吉”、“百事可乐”等饮料行业的做法，细分市场，突出品牌健康、时尚、增强活力的特点，开辟传统牛肉干市场的“蓝海”。

3. 借鉴案例

“红牛”通过鲜明特色开辟功能饮料、运动饮料、能量饮料新市场。可将该品牌牛肉干定位于“快速增强体能”，主要采用“校园营销”方式，赞助大学生“三人篮球”、评选“街头篮球之星”等活动，迅速在目标群体中打开知名度。同时与“传统牛肉干”多为女性零食的观念区别开，也可采用年轻人喜欢的“快男”代言品牌，他们多为新星，代言费用较低。最后辅助卖场广告，可迅速占领“青少年牛肉干”这一细分市场。

4. 成本分析

预计举办为期一年的“大学生街头篮球”冠名活动的成本为500万/年，“快男”代言费用为100万，只需投入600万。其他媒体报道以软文为主，可节省大量营销费用。

5. 方案点评

优点：该营销设计重点强调了细分市场和“运动”概念，并设计出与目标客户群联系紧密、关联效应明显的方案，值得推荐。

缺点：对全国性营销活动的经验不足，这种营销方案如果实际操作，并取得期望中的效果，至少要1000万的成本。

实际方案

本案例是由“绿盛牛肉干”的实际营销方案改编而成。“绿盛牛肉干”采用的是和网游结合的方式，将自己的产品嵌入到“大唐风云”的游戏里，成为游戏中重要的道具之一。由于该游戏在青少年中风行，虚拟游戏真正拉动了“真实产品”的销售，有兴趣的人可以自行搜索“牛肉干＋网游”的营销分析进一步思考。

立刻行动：你对“交互沟通”的理解程度

在你决定投入真金白银尝试新的沟通方法之前，你不妨做一个测试，然后再考虑你的新沟通方法在哪些方面需要特别的专家，需要注意哪些情况。

1. 为什么客户不往“总经理投诉信箱”里放任何东西？即使他们的确有抱怨，给出三个理由

理由一：他们认为根本不会有人看；

理由二：他们根本不知道还有“总经理投诉信箱”；

理由三：当客户愤怒的时候，他们掉头而去，而且不再回来，所以有没有“总经理投诉信箱”都无济于事。

你的理由是：______________________________（选择或新增都可以）。

2. 公司的宣传口号强调了什么

A. 产品质量，比如：以质量求生存、以技术求发展；

B. 服务，比如：服务创造效益；

C. 客户，比如：客户满意是我们生存的根本；

D. 理念，比如：科技以人为本，思想有多远，我们就能走多远。

3. 要找到一个成交客户，你需要把信息传递给多少人

4. 用来判断某个客户对你的产品、服务感兴趣的方法有哪些

提示：常见的回答有客户询价、客户索取资料、在提供了资料之后客户再次询问、客户提出挑剔性问题、客户要求参考成功案例、客户提出某个具体的竞争对手并要求对比……

5. 收集客户的这些重要的标志性行为的有效方法有哪些

6. 你做过危机模拟吗？例如，一个使用你们公司的产品的客户出现了严重的负面反应，而且这个消息正在扩散。你如何处理这样的情况

7. 列出十个和你的企业最相关的搜索词，这些词可以有效地帮助有需求的客户在网络上查询

8. 列出可行的方法来建立你的“核心客户群体”，并考虑用什么方法激励他们为你的企业运营提出建议

9. 考虑一下你的客户如果要传播满意或者不满意的信息，他们最有可能采用的方式有哪些

提示：直接告诉有类似需求的人他的评价，把他的评价公布在某些大家能看到的地方，在某些行业聚会上提出他的看法，在媒体上公开评价……

10. 如果你已经想到了新的方法进行客户沟通，你的员工能理解这种方法吗？你如何保证他们会像你期望的那样执行你的设想

这是一个没有正确答案的测试。沿着这些思路继续思考，一定会有令人惊奇的答案出现！

本章小结

本章讨论的是如何在一个交互作用的体系下进行客户沟通。精心准备的交互沟通可以快速地聚集同类人群，低成本、跨地域传播信息，达到“规模效应”。

交互沟通还能够提升信息传播的精准性，只要你能做到以下三点：

（1）选择正确的对象；

（2）采用正确的途径；

（3）传递正确的内容。

本章还强调了这种交互沟通不是一次性的，要贯穿客户生命周期的全过程。要衡量沟通的效果，你需要设定“反馈点”，并严格按照反馈数据来测量你的不同尝试的效果，从各种尝试中逐步勾勒出一个最容易传播的、有效的交互沟通模式。

[转变4]

从“大量生产”到“按需定制”

从需求反向推算：你可以让客户等多久才能得到满足？为了做到这一点而改造的“生产方式”就是敏捷制造。企业如何做到敏捷制造？怎么做才能更容易满足不同的需求，同时也是更便宜的“交付模式”？如何能够在客户忍耐的时间范围内实现“送货上门”的承诺？

第16节　更聪明的生产：敏捷制造

敏捷制造的最终目标是消除不便，让整个社会的供需交换无缝进行，并不以牺牲效率为代价。要做到这一点，我们首先需要突破“传统制造”的束缚，将制造业的起点从原料转向需求。

一　产品的周转时间

1988年，美国通用汽车公司和里海大学的Iacocca研究所在美国国防部的资助下，分析了数百例的优秀报告后，提出了《21世纪制造企业战略报告》，在这份报告中提出了“敏捷制造”（也被称为“灵捷制造”，agile manufacturing，AM）的概念。1992年美国政府将敏捷制造模式正式确定为21世纪制造企业的战略。

也许这样的定义仍然让你无法想象“敏捷制造”可以做到什么。如果你还记得在第三章中，我们曾经讨论过，有一种类型的创新需要绕开中间渠道，实现更为简化的“供求交换”。要做到这一点，“敏捷制造”就是“传统”制造型企业努力的方向。

如何判断你的企业是否比以前更敏捷，最常见的指标是“周转时间”。做个简单的实验：将你最近购买的原材料贴上“条形码”，记录它被购买的时间，然后经过所有工序，当它被成功交换到下游的时候，再次扫描这个“条形码”，记录它被销售出去的时间，这二者之间的时间差是多久？一个月？一周？还是几个小时？

这里有一些参考数据：TAL这家以香港为基地的成衣公司，可以在一周内在全球为所代理的几十个品牌的男士衬衣补上库存；雅芳在中国利用第三方物流保证48小时“端到端”的直达配送，改变了过去自建仓库的做法。

你的周转时间多长？

在过去20年，着眼于供应链管理的ERP技术成为企业提升竞争力的重要方法之一。供应链的快速反应的确给先行一步的企业带来了比竞争对手更强的生机和活力。但是，供应链管理的核心，包括基于此而生的ERP系统管理，仍然遵循由生产推向需求的方向。当这种改造取得了进步之后，先行者开始跨出更重要的一步——从需求反向推算：你可以让客户等多久才能得到满足？为了做到这一点而改造的“生产方式”就是我们这一章的重点——敏捷制造。

同样有一个实验可以帮助你了解你的企业是否能达到“敏捷制造”的标准，选择一个最平凡的客户，他不是头等重要的大客户，只是你的一个普通客户。比如对一名服装厂商来说，你的顾客John想买一条合身的牛仔裤，假设你可以记录并知道他的消费需求是在什么时间点提出来的，计算一下他的需求得到满足的时间。非常快对吗？传统的商场就是为了实现“一手交钱，一手交货”的“即时支付”才出现的，只要在商场营业的时间内，任何客户都可以在取下商品、试穿、交钱这几个环节完成后得到满足。

John如果是个体重200磅的胖子，他在试穿之后告诉营业员他需要最大号的牛仔裤，现在，没有这么大的号码，于是John留下了电话号码，请营业员在得到这一型号的新裤子的时候打电话通知他。他的需求没有立刻得到满足。

接下来发生了什么？营业员开始打电话要求从别的专柜调配这个型号的裤子，结果别的专柜也没有，信息传给当地的经销商，经销商在下次进货的时候专门要求配送一条加大的牛仔裤。即使有TAL的“敏捷供应链”，John也要等上7天才能得到这条裤子。

假设John的确是一个特殊的顾客，他要的型号不在常规的号码之中，现在这个需求被反馈到了生产流水线上，设计部门开始调整图样，增加一个新的型号，然后调整剪裁布料的机器参数，然后完成生产，再次通过补货到达门店，这一次John等待的时间是15天，这才是你的“供应链”实际的敏捷程度。

二　敏捷制造目标是为了满足“特殊需求”

在上面这个例子里，其实我们已经采用了行业最优指标，我们的假设是各个环节都进行了最敏捷的反馈，而得到的结果是顾客必须等待整个系统完成调整后才能满足需求。

实际上，90%的行业，像这样特殊且少量的需求会在各个环节中被过滤掉。门店的销售员不会打电话向其他柜台调货，因为她知道这样特殊的型号厂家不会生产；当地的经销商也不会为这个需求反馈给生产厂商（尤其是他并不是当地的总代理，还要经过多层代理商的时候）；生产企业不会为了某个顾客的需求去更改产品的设计和流水线的参数，因为这样的调整，在没有批量需求的支撑下是不经济的。看来，John只能怪自己为什么不能减肥成功了。

我们换一个角度来看这个例子，每一个顾客，都有自己的“特殊需求”。我们的左脚和右脚不是完全一样大的，这决定了每一双新鞋都必须经过痛苦的“磨合期”之后才能真正“合脚”；我们喜欢某个产品的样式，但不一定喜欢它的颜色……但我们都和John一样，等待之后还是失望了。

需求被篡改了，因为我们的制造不够敏捷。这造成的后果是：我们获得的永远只是接近于最需要的那一个，而不是“最适合”的，每个人都必须为此忍受不便。

敏捷制造的最终目标是消除这些不便，让整个社会的供需交换无缝进行，并不以牺牲效率为代价。要做到这一点，我们首先需要突破“传统制造”的束缚，将制造业的起点从原料转向需求，然后反向设计“制造工序”，在这一点上，“信息化”进程赋予了我们过去没有的能力。

今天，所有可以比特化的产品，例如新闻、图书、音像制品、图像视频……显然受益于日新月异的信息技术。比特产品的交付是立刻实现的、不受时空限制、无成本、可复制的。这让所有可以比特化的产品无障碍地实现了“即时交付”，拥有了实体产品无法比拟的优越性。这也是大量的“互联网创新”更多地和信息产品相关的原因。但是，并不是只有互联网上的生意才是“新经济”。交付模式的电子化改革只有在冲击了传统行业、促使传统制造改变时，才能发挥更大的作用。

关联案例：服装业、鞋业的华丽转身

美特斯·邦威

美特斯·邦威创立于1995年。创立之初，只有注册资本50万元，十几个人。美特斯·邦威老板周成建以温州人特有的商业嗅觉，在20世纪中期看准了年轻人需要价格相对便宜一些的休闲服装的市场空白，定位于休闲服饰市场，推出T恤、夹克，结果生意非常好，1995年销售收入达500多万元。

美特斯·邦威的服装品种越来越多，但自己的工厂已经没有能力去生产这么多品种了。怎么办？美特斯·邦威没有按照常规方式去扩大产能，而是选择了将生产全部外包，甚至关闭了自己唯一的加工厂，从此走上了“虚拟经营”的道路。

美特斯·邦威开始走出温州，到杭州、上海投资开直营的专卖店。但是，网点的异地扩张，一方面资金跟不上，另一方面管理跟不上。美特斯·邦威又退回温州，在上海缩小规模，引进代理商、发展代销店。在摸索中，美特斯·邦威发现要让这种模式运转成功，必须有一个可以整合产业链上下游的信息平台。

随着美特斯·邦威供应链系统的逐步上线，从1995年到2000年，订单交货周期由15天缩短到8天；应收账款周转时间从30天缩短到2天；拥有2211家直营店和加盟店；销售额由500多万飙升到8.7亿。和凡客诚品不同，美特斯·邦威没有绕过产品设计的难题，组建了由133名设计人员和工艺专家组成的强大产品设计团队，拥有每年3000余款的产品设计能力。现在，美特斯·邦威也从一家拥有2家工厂、数百名工人的制造企业，转型成没有一台缝纫机，只有供应链系统、品牌运作和研发设计的“虚拟企业”，打造了可以与耐克相媲美的“虚拟经营”模式。

李维斯

2006年，李维斯建立网站，承诺顾客只需完成几项简单的选项步骤，就可免去试衣间的繁琐。顾客通过几个选择步骤，就可以在李维斯的经典裤型中选择自己最喜欢的款式和颜色，经过3～6周，这条“定制”的牛仔裤将直接送到客户住处。而且定制牛仔裤的价格和商店里买的“批量产品”相差无几。

奥康

和美特斯·邦威的老总周成建一样，奥康集团的总裁王振滔也是一位保留了本色的“制鞋匠”，他的形象更接近于“乡镇企业家”。

奥康集团推出了“量脚定鞋机”，希望能够在专卖店里提供这样的服务：只要顾客踏上机器，就能采集到脚型的各项数据，然后客户可根据喜好，定制到独一无二的皮鞋。

奥康集团总裁王振滔透露，早在五年前他就设想开办不摆鞋的专卖店，即店内无需陈列样品，顾客只要通过电脑就能自由选择心仪的皮鞋，并由厂商在定制完成后送货上门，而“量脚定鞋机”的研制成功令这一设想成为了现实。

如果我们把美特斯·邦威、李维斯和奥康联系在一起，我们是否能够勾勒出一个行业转身的“大构想”？从客户的需求出发，在需求的源头采集最精准的数据，然后利用信息系统将这些数据直接传输到后台的制作流水线上，通过自动化的生产线和快速反应的“供应链”完成制造过程，并以最快的速度递送到客户手上。

如果这样的“敏捷制造”实现了，那么这就是成衣行业从“珍妮纺纱机”以来的又一次巨大的革新。上一次“革新”的经验告诉我们，这样的改变往往不是由一家企业一代人的努力就可以做到的。从“飞梭”到“珍妮纺纱机”再到“骡机”、从人力驱动到“蒸汽机”驱动，为了运输这些快速生产出来的商品而建造“铁路”，直至“飞机”，接着是建造“巨型购物中心”……

一个环节的改变往往只是揭开了一个新时代到来的一角，只有所有配套环节都在这样的生产力提升的连环效应中得到改善，我们才能迎来完整的“新经济”时代。

第17节 企业需要细分产品

要满足不同客户的“个性化”需求，不一定要建造可以任意调节的流水线（往往成本很高）。而是，把你现有的流水线切成一个个更为标准的“组件”，然后利用整个行业的组合搭配，甚至是发挥客户的能动性，实现更容易满足不同需求、更便宜的“交付模式”。

一 满足客户的“个性化”需求

对比一下音乐CD和MP3网络音乐下载，你能发现什么不同吗？

没错，最容易想到的是单曲MP3不像打包的音乐CD，你不需要为了一首歌而买下整张CD，同时，你可以在iTunes音乐店任意选择不同歌手的曲目，把它们合并成为一套只属于你自己的“播放列表”。这个歌曲目录可以长达3万首，你不会因为同一首歌的循环播放而厌烦，也不会因为乐曲的播放次序不能调整而烦恼。另外，下载MP3是个相当简单的过程——上网、搜索、点击，你就成功了。

在这个例子中，几乎包含了“比特化交付”的所有优势。

（1）交付过程更及时快捷；

（2）曲目可以被自由组合，客户可以根据喜好而“定制”他的“产品”；

（3）平台可以支撑很多人同时定制他们的产品而不会增加成本。

有人预测 CD 在诞生了三十年后正在走向消亡，MP3 没有改善音乐的乐质，应该说，压缩技术其实降低了音乐播放的品质，但是，就因为它实现了将“批量产品”细分为“碎片产品”这一点，MP3 焕发出强大的生命力，迅速成为新的音乐格式标准。

要实现不同客户的“个性化”要求，不一定要建造可以任意调节的流水线（往往成本很高）。把你现有的流水线切成一个个更为标准的“组件”，然后利用整个行业的组合搭配，甚至是发挥客户的能动性，实现更容易满足不同需求、更便宜的“交付模式”。

人们其实不需要百科辞典，需要的是知识。图书馆里一本本厚厚的书，很大程度上是因为过去我们无法细分知识。我们是如何使用辞典的？很少有人按顺序从 A 读到 Z，也没有这个必要。我们在查找关心的条目时，能快速找到最感兴趣的那一页就可以满足需求。

所以，根据读者的“阅读偏好”整理的“碎片化知识”，比过去最全的“百科辞典”受欢迎。正如 CD 变成了一个互动的、包括了搜索 + 下载 + 自编辑的“个人曲库”一样，图书也变成了搜索 + 下载 + 自编辑的“个人知识库”。

现在，让我们把眼光放远一些，不仅仅是“信息产品”。宜家家居的家具都是拆分的组装货，产品分成不同模块，分块设计。

模块化意味着可以大规模生产，不同的模块可根据成本在不同地区生产，同时，有些模块在不同家具间也可通用。

这样不仅设计成本降低了，产品的总成本也降低了，实现了满足基本功能和个性化的统一，最终将成本的降低通过低价格再与客户分享。客户的能动性也被调动起来了，客户被鼓励自己组装这些“平板”家具，这样宜家还节省了大量的运输和服务费用。

新的机会出现了，更低的成本成为可能了，新产品的推出时间缩短了，客户的自服务和自设计的热情也激发出来了……

二 细分产品作用巨大

这种推动作用表现在看似相反的两方面。

一方面，这些领域比以往更加强调行业的标准化，这些行业中的“标准大战”比以往更激烈。

另一方面，这些领域更能够以开放的姿态来包容不同，例如不同的客户需求、不同的合作方式、不同的产品标准……

这种看似矛盾的局面其实是有内在统一性的。

在给孩子们玩的“玩具积木”中，其实包含了重要的人类智慧的结晶——到底可以把千变万化的自然形状抽象成为哪几种基本形状？这其实是个很深奥的数学物理问题。人们一直都在寻找这个问题的答案，一旦出现更妙的，更好的答案，就可以用最简洁的“基础模块”把“搭积木”这个游戏玩得更好。

同样的“求解”过程反映在那些出现了变化的行业里，人们通过不同的标准、不同的分解方式、不同的协作方法，来测试可以把一个行业的产品制作过程分解成什么样的“基础组建”，以及通过什么样的“对接”将行业中的上下游自如地联合起来，这就是我们看到的“标准大战”。当一个行业的协作标准还未确定的时候，个体企业的选择是尽量以开放的态度，对待所有可能出现的“未来标准”，因此，在这些行业中，所有的尝试都是受到鼓励的，这是创新能够不断涌现的土壤。

第18节　物流网络的“最后一公里”

物流，尤其是物流网络的“最后一公里”，如何才能覆盖到？如何保证在客户忍耐的时间范围内，实现“送货上门”的承诺？这是所有企图建立起“即时交付”模式的企业都必须解决的问题。

一　从“所见即所得”到“所欲即所得”

在批量化大生产的工业时代，大量的产品以低成本、模式化的方式被制造出来，然后运送到最大的市场——连锁卖场中，消费者感受到了前所未有的“物质丰富”，他们在琳琅满目的货架上对比选择。当消费者取下“这一个”的时候，他确信“**所见即所得**”。当“所见”和“所欲”匹配的时候，供应链上的各方都可以分享利润。但是在这种模式下，一旦“所见”和“所欲”发生偏差，噩梦就会到来。

工业时代的噩梦最直接的体现就是“压货”和“断货”。

“压货”是商品已经被制造出来却没有得到买方的认可，前期的成本已经发生，供应链上的每个环节都已经有所投入，最终交换未能实现，应收账款变成坏账，资金链可能就此被迫中断。

“断货”则是需求被压抑，因为市场上没有供给者，消费者持币待购，整个供应链却不能及时交付所需，交换无法达成，资本增值同样面临风险。

“压货”和“断货”都是“所见”和“所欲”不匹配的时候发生的情况，也是“规模化大生产”下的交付模式出现漏洞的直接表现。没有人买单的库存和无法找到最适合的产品而被迫取消的需求，都是迫使过去的模式发生转变的压力。

利用“反向价值链”的逻辑设计出的新“交付模式”则是从需求出发，也就是说，“所见即所得”要转变成“所欲即所得”。客户一旦能够描述出他想要的，就可以为他定制产品或服务。在此基础上，他需要发出“确定”的指示，一旦确定需求，就能得到和他的需求不差分毫的产品或服务。

我们把这种新的交付模式的核心竞争力总结为以下四点：

(1) 可以立刻交付；

(2) 可以任意定制；

(3) 可以大批量制造；

(4) 无须高额的费用。

在新交付模式中，从“所欲”到“所得”之间的时间差是至关重要的。一旦“所欲”和“所得”的间隔时间过长，那么在产品最终传递到需求方的时候，需求可能已经发生了转移，或者被迫取消了。可以说，“所欲”和“所得”之间的时间差和“库存”一样是最大的交换风险。

如何才能消除“等待时间”？

我们看到在前面的两节中，无论是调整流水线，还是采用“模块化”的行业协作方式，不少行业都出现为了解决“所欲”和“所得”之间的时间差的创新思维。很多新想法还在涌现并等待着实践的检验。

二　“即时交付”——建设物流网络的难题

（一）物流

让我们重新审视一下“即时交付”的构成。事实上，按照“反向价值链”构筑的交付模式，我们可以把所有的交换都分为“比特化”和“实物化”两个部分。如下图（图5－1）所示。

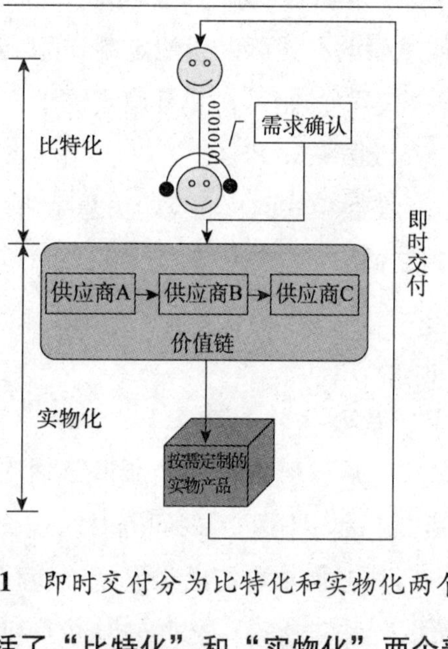

图5－1　即时交付分为比特化和实物化两个部分

即时交付包括了“比特化”和“实物化”两个部分。

在需求确认的阶段，基本上所有的信息交互都是可以“比特化”的，这个部分可以通过网络和通信的方式实现，在具备足够的带宽资源的前提下，这部分的交付可以瞬间完成；当交换涉及到实物的时候，就需要通过物流实现。“即时交付”的瓶颈还是在物流方面。

毫无疑问，从“工业生产”以来，物流网络的建设已经有了长足的进步。今天，最快速的物流服务，可以确保在世界上任何两个地点之间传送包裹的时间不超过48小时（UPS公司认为他们可以做到，但实际上这和包裹的尺寸、内容和通关时间紧密相关）。在承诺的背后，是全世界的铁路、轮船、航空、公路……运输能力的提升、货物包装和集成方面的改善，以及和各国在海关检测、通关、关税等方面的鼎力合作，如果没有这些变化，靠一国或一个企业的力量实现的物流能力是不可能提升的。

尽管物流能力有所改善，但是我们曾经在“市场的分解”中谈到，如果真的能够出现最大的市场，那么构成市场的各要素（其中就包括“物流”），就需要实现各自的网络化。

现在，距离各个行业都能利用“第三方”物流进行“即时交付”的要求还相差甚远，具体体现就是前面我们所提到的48小时“快捷”物流的价格是令人咂舌的50~200美元，这样的价格把大量单价在50美元以下的产品利用“第三方物流”的通路堵塞住了。

（二）“网络效应”

如果为了不让物流成本成为不可承担的交易成本，就必须建筑起能够“门到门”、覆盖全球的网络，这个网络还必须是廉价的、经济的。这是一个难题，也是“网络效应”的困境。

所谓“网络效应”，就是当基础设施形成了“网络”之后，出现“规模效应”和需求的“井喷”，在需求不那么确定的时候，比较保险的做法是建设连接“枢纽节点”的网络，这些枢纽节点将一个区域的需要集中起来，以此保证节点A和节点B之间的往来是“满负荷”的、经济的和可持续的。这种解决方法注定只能忽略掉“最后一公里”的往来需求——客户需要自己想办法解决从家门到“枢纽节点”的运输问题。

我们可以尝试做个小实验，站在物流公司老板的位置上思考这个难题。

打开一张世界地图，把你知道的重要港口、世界级大城市标注为“1”，然后数数它们的数量，大约不超过50个，划一些线条把它们连接起来。无论你用什么成本指标计算，你基本上可以确认在这些一级城市之间的物流运输，能够让穿梭其中的集装箱货柜保证“满去满回”，也就是说每一趟运输都可以找到足够多的“托管人”来买单。

现在，在重要枢纽的下面继续标注——如果想把相对重要的二级城市之间建立物流网络的话，你需要的是多倍的投资，面对的是更加分散的需求。也就是说，它们的“吞吐量”注定要比一级港口少很多，但是要把它们连接起来的成本却不少。

继续标注，你会发现物流网络深入的地方越偏远，运送的需求就越分散，你就越有可能陷入无法收回投资的困境。

但是，从另一个角度来说，当物流网络的触角可以覆盖到更偏远的地方，货物之间的流动才可能创造出“需求井喷”。所有人都希望获得“门到门”的服务，如果这种服务真的做到了方便、快捷，人们也可能会改变蜂拥到城市里的“巨型购物商场”采购的习惯，坐在家里将需求在网络上确定下来，然后等着“送货上门”。

如果真的激发出了所有人的“门到门”需求，建造“门到门”的物流网络也是可以保持运营平衡的。这就是政府鼓励投资建造公路的原因，一旦基础建设成型，那么其他的需求也容易被激发出来。

这就是建造物流网络的难题——如何在覆盖率和集中性两者之间寻找平衡。

如何判断是否已经到了可以延伸物流网络的“最佳投资点”？

稍微保守或者稍微过激的决策都会让运营难以维系，出现经营困境。不要以为这个难题只需要留给物流公司去考虑就行了。这是每个行业都必须解决的问题。

> 如果你是可口可乐的管理者，你需要考虑如何布局灌装厂，才能让产品在保质期内及时放到每个“乡镇小店”的货架上并销售出去，这和你选择灌装厂的地点和产能的决策紧密相关。
>
> 如果你是“H&M”国际服装厂商，你需要知道如何确定与你的门店相匹配的代工工厂，才能在“秋季新装”发布的时候让最新款式的风衣及时地挂在门店的衣架上。
>
> 如果你是某个小镇里的快餐店老板，你也需要考虑是把赚来的钱投入到租下隔壁的铺面中，还是到下一个小镇去开一个连锁店。

这些问题，虽然看起来不相同，但实际上都是对“物流网络”的求解，都要运用“运筹学”这门深奥的学问，需要考虑商品的周转时间、运输方式、中转库存、速度、负载等诸多参数，还要颇具冒险精神和运气，才能让“物流网络”的布局与满足需求的时间要求匹配。

我们在考察中发现，在中国“一用就灵”的多层代理体系、加盟店模式很大程度也是为了解决中国的多山地貌和边远地区的规模需求分散的难题，利用出让利润的方式让当地代理发挥小批量存货和主动补货的“枢纽节点”的作用。如果有一个相对完善的物流网络，中国的商业环境就会发生巨大改变，更多的“直接销售”就会应运而生。

从某种角度来说，任何方式的敏捷生产都需要解决如何布局“生产点”的问题。你要考虑在哪几个地点建立收集信息、并根据客户数据制造皮鞋的工厂，才能实现“隔天到货”的承诺；你也要考虑如何分配你的资源才能让各种小批量的客户需求得到即时满足。

物流，尤其是物流网络的“最后一公里”，如何才能覆盖到？如何保证在客户忍耐的时间范围内实现“送货上门”的承诺？这是所有企图建立起“即时交付”模式的企业都必须解决的问题。

立刻行动：十大方法立刻为你的生产增加柔性

自从“鼠标加水泥”的竞争力被提出之后，就有不少企业在寻找自己的创新方式。有的是因为行业中出现了完全不同的竞争者而被迫改变，例如图书行业的亚马逊造成的震动。有的是那些先行者把在“比特世界”的优势主动运用到别的“传统行业”中，例如电子报纸对纸媒的改变。改变有风险，但不变是最大的风险。

你可以尝试从下面的想法中开始改变的第一步。

（一）将你的成品拆分成更小的单元，让客户自由组合成不同的套餐

如果你在生产过程中已经有了更小的单元，就公布它们，让你的客户参与，进行重新组合，并推广最受欢迎的“定制产品”。

（二）让客户自己定制产品

想想看，哪些参数可以让客户自己设定？

把内部所用的参数设定页面嵌到你的外部网站中，支持这些客户自己选择、定制产品。这些急需的产品甚至可以要求更高的价格，测试一下成本的增长是否和利润成正比。

（三）选择有利地点

与合作伙伴沟通，如何才能让商品在离客户最近的地方进行组装和再加工。

（四）提供解决方案

和提供关联产品的供应商合作，看看是否能够为同一群体的顾客提供“整体解决方案”。

（五）优化关键词

把产品的详细描述放在网络上并进行关键词 SEO（搜索优化），一段时间后，看看你的客户都是通过哪些关联词找到你的，这些信息是否让你改变了过去的一些想法。

（六）测试各种物流渠道

把从客户下订单到确认签收的过程调整到最短，至少比竞争对手的时间短，看看客户是否因此更愿意和你打交道，考虑如何才能把这种优势发挥到最大限度。

（七）尝试把你的产品部分或全部比特化

（八）客户体验

邀请你的“核心客户群”进行“比特产品”的体验，向他们了解新方式的哪些方面让他们感到兴奋，考虑把这些“兴奋点”和你的下一代产品设计融合。

（九）增加网络订单页面

如果一个月后没有任何网络订单，到其他电子商务网站上体验，考虑如何才能让客户通过浏览网络就和你的企业联络。如果有少量成交，仔细分析这些客户的来源和购买选择是如何实现的。

（十）开放 ERP 系统

把你的内部 ERP 系统开放给供应商，并要求他们快速地响应你的号召。

本章小结

即时制造是与需求驱动体系可以匹配的交付方式。即时制造能够真正让“消费者”实现“所欲即所得”，同时还保持了“工业化生产”的低成本，并且能实现对每个消费者个性化的需求交付。为了做到这一点，信息技术发挥了关键的作用。比特化的产品首先进入到“所欲即所得”的丰饶世界。不过无限丰富的比特产品也要求更强大的搜索引擎和更有效的匹配方式。对于非比特化的部分，柔性制造、模块化设计和重组技术等也将发挥重要的作用。由它们构成的“敏捷生产”，是帮助整个制造业跨入“即时制造”的核心。

[转变5]

从产品到服务，再到解决方案

由于需求的多样化和需求层次的提升，服务比单纯的产品更能满足人们的“高层需求”。

但是，企业怎样得到服务带来的附加值？怎么做才能给客户带来更加丰富的体验？服务内容各不相同，是否有一些共同的方法能保证超出客户期望？

第19节　产品还是服务

读到这一节的小标题的时候，你把它看成了选择问句还是陈述句？我希望在读完本节内容之后，你的答案会和我的相同。

当供给越来越丰富，交换能否成功主要取决于需求能否被满足。产品只是一个载体。消费者在意的并不是产品本身，而是产品能够带来的功效。

一　服务满足“高层需求”

我们在第一章里就讨论过“产品的终结”。当供给越来越丰富，交换能否成功主要取决于需求能否被满足。产品只是一个载体。消费者在意的并不是产品本身，而是产品能够带来的功效。而且，产品这个物理载体也不一定存在。

服务，从定义上来说比产品有着更广泛的边界，也更贴近需求的本来面目。

例如，餐厅服务员专门为你到旁边的小店买香烟；你买了一张音乐专辑后发现还可以凭此加入网上粉丝俱乐部；手机中预存的十大金曲让你第一时间拥有与众不同的铃声……

服务无孔不入，而且服务正是可以创造出“额外的惊喜”的“魔术棒”。

让我们再来看看数据：2005年中国的第三产业占GDP的比

例为40%，而1978年，第三产业只占28%。大多数发达国家第三产业占GDP的比例为65%。这是一个被普遍认同的趋势，经济体越成熟越发达，第三产业在全部生产活动中所占的比重就越大。

这不是偶然的。从消费者的角度来看，您去购买衣服，对御寒蔽体的考虑已经很少了；您要购买轿车，所有的轿车都能够满足代步这一基本需求；您决定购买什么样的住房，看中的不仅仅是其挡风遮雨的基本功能。

产品不能仅仅满足“基本需求”，能够让产品产生差异化的部分对应的都是消费者的“高层需求”，例如表现品位、地位、个性甚至自我实现。这些“高层需求”的满足方式多样易变、因人而异，在产品不能承载的空白点，服务恰好可以适应。

二　服务的地位变迁

今天，几乎所有生产产品的企业都有“服务部门”。单纯提供产品的企业已经很少见了。多数企业提供的都是产品和服务的混合体。考察企业中“服务部门”的作用的变迁也是很有趣的事——它似乎能为我们揭示某种趋势。

最初，服务部几乎等同于“维修部”，是附属于生产部门的，是产品交付之后的“生产”的延伸。只有消费者发现产品坏了，才会想到“服务”。慢慢地，管理者发现服务可以帮助提升品牌价值。在中国很有影响的海尔就是这方面的典范。

海尔提倡的“星级服务”，在网点布局、服务流程、质量监控等方面创造了服务规范，规定详细到接待用语、反馈时间、服务人员的着装和工具手套等各个细节。这些努力为客户留下了专业、贴心的印象，让海尔一跃成为服务典范。这时，服务已经提升了产品的附加值。

在服务管理的发展中，服务的产品化曾经是很重要的环节，为了保证服务的质量，服务和产品一样被细化到每个流程，员工也要接受统一的考核。服务产品化帮助管理者控制服务成本，提高了服务的可预期性。这为“批量服务”打下了基础，和所有的“产品化”一样，这种方法解决的是批量化、可复制化的困难，可以帮助控制成本。但是服务产品化对服务的灵活性、对客户个性需求的满足程度，却没有太大的帮助。在具备了能够批量处理客户请求的能力以后，管理者开始考虑更多的创新。

戴尔的经营模式更像是为了满足服务而进行的“产品配置”。戴尔利用电话平台接收每个客户的定制需求，然后通过统一采购降低成本。所有电脑，从主机到配件，几乎都是贴牌生产的。

这个时候，是服务能力而不是生产能力，成为了企业的价值创造主体。

单单从“整体方案提供商”“全面解决方案”“满足全面需求”“一站式服务”等词语的使用频率来看，你就能发现，突破了批量服务能力的瓶颈之后，管理者的焦点已经从能够同时向多少客户提供服务转向是否能满足每个客户的完整需求。

下图（图6－1）是对本节的小结，它说明了服务在企业中的地位变迁。

图 **6－1**　服务在企业中的地位变迁

第 20 节　期望值 vs 满意度

无论你想利用什么方法来界定客户的“期望值”，有一点是需要牢记的：不同的客户对相同的服务流程会产生不同的满意度。也就是说，如果你设计的是标准化的、固定的服务流程，那么要让所有客户满意是不可能的。

一　期望值

同样是到餐馆就餐，为什么有时候你满意而归，有时候会大加指责呢？为什么你会心甘情愿地为 45 分钟的足底按摩支付 88 元并感觉“值得”呢？

服务虽然也和产品一样会花费“生产成本”，但是，服务的价值和服务的“生产成本”之间还有空间——我们把它称为服务的“附加值”。

理论上，附加值可以衡量需求的满足程度，但是直接把满足程度转变成交换价值很困难。你对酒店的服务很满意，你给服务生10元小费；你对你的保险经纪人很满意的时候，付出的是2000元的佣金。满意程度在不同的情况下转化的价值也大不相同。

当人们交换的不是产品而是服务的时候，当服务的交付是一种独特的“客户体验”时，究竟什么决定了它的价值？

菲利普·科特勒指出：“满意是指一个人通过对产品和服务的可感知的效果与它的期望值相比较后所形成的感觉状态。”他引出了原来不在视野内的概念——期望值。而且还给出了一个重要公式：

满意度＝客户体验—客户的期望值

你对餐馆服务生的不满是因为在别的餐馆的就餐体验，让你建立起了一种“餐厅服务的期望值”。一旦这位服务生的所作所为低于这种期望，就会产生不满。

在《营销学》的教科书中，期望值是由过去的购买经验、同类服务的竞争和消费者的自我感受等交互作用形成的。这可以理解为，期望值是类似体验的均值，体验的次数越多，范围越广泛，就越接近行业服务能力的均值。

例如，一位有洁癖的医生第一次到餐馆就餐的时候可能对卫生很不满意，于是大发雷霆；但是经过多次不同餐馆的考察以后，她也许不得不降低期望值，再到第一家餐馆就餐的时候，她就满意了。

二　服务设计

期望值既然是一个对比的标杆，可不可以人为地利用期望值的对比来为服务设定一个“合理的期望值”呢？

头等舱的机票比经济舱的机票要贵两倍，头等舱的客户能够享受专柜换登机牌、提前登机、更大一些的座位空间和更丰盛的机上餐食，这些“尊贵体验”都是和经济舱对比出来的。从这个意义上说，因为经济舱的服务人为地界定为“正常期望值”，超出“正常期望值”的客户体验带来了更高的“附加值”。

当然，一直坐“头等舱”的客人应该把不同航空公司的头等舱服务横向比较，重新界定他的“头等舱”服务的期望值。但利用标杆效应，即使你对某航空公司的“头等舱”服务不满意，当走过多数人等候的候机室优先检票的时候，这种纵向的比较帮助你完成了“头等舱”的“尊贵体验”。

更有趣的是，由于“头等舱”的服务差异化，也拉动了中间层“商务舱”的需求，比“经济舱”好一些，没有“头等舱”好，就成为了中间层的期望值。头等舱、商务舱和经济舱的差异化是服务提供者自行设计的，这种方法有效地界定了客户的期望值，让不同的客户有了可以“对号入座”的服务体验。

从经济角度来说，由于期望值的高低与服务的“附加值”是正相关的，拥有前排稍宽一点的头等舱座位的飞机比全部塞成沙丁鱼的“经济飞行”创造了更高的总收入。现在你知道了大量的会员卡都要分成“白金级别”、“金卡级别”和“银卡级别”的原因了。

另一个服务设计的思路是这样的，如果期望值与行业平均服务水平相关的话，那么，全新的服务，无论是服务流程的改变，还是服务技巧的改变，都会让新的期望值缺少类比的对象，也就更容易得到大部分“尝鲜”客户的认可。

俄罗斯的亿万富翁花费上千万美元完成一次“太空之旅”而且仍然感觉“值得”，原因之一是没有别的选择让他类比；如果去月球除了坐火箭，还可以坐太空车的话，二者就会形成对比。

这就是为什么服务业的创新速度要大于制造业的原因，不仅仅是服务比较少受限于生产资源和制作工艺的标准化的约束，而且每一种新的服务方式都能带来全新的体验。在可形成竞争的“体验提供商”没有出现之前，人们对新服务的期望值没有形成统一，也就更容易获得高附加值。

沟通平台可以把有共同点的人们汇集起来，形成“群”。这种“群效应”对设定期望值也有很重要的作用。正是因为期望值是一个均值，当个体消费者无法亲自尝试多个服务提供商形成均值的时候，相关客户的评论就会成为参考。

当你不清楚是否应该到某个新开的餐馆款待你的商业伙伴的时候，你可以登陆一下“点评网”或“口碑网”，从别的顾客的评论中得到你自己的服务期望值。

还有这样的情况，例如美容手术，你不可能尝试多个医生然后才决定到谁那里去完成“双眼皮手术”，这种“只有一次机会”的服务就更要靠别人的“成功案例”和评价积累。口碑推荐在服务营销中发挥了重要的作用。

“群效应”的威力又一次得到了印证——人们更倾向于认同那些和自己有共同点的、相似人群的评论。

还是以“美容手术”为例，即使是技术上基本无差异的“重睑术”，美容医院根据来做这种手术的人群给出了不同的“套餐”——“青春无敌”学生套餐、“美丽佳人”明星套餐和“年轻十岁”中老年套餐。

不同的套餐给出了不同的“成功案例”，例如，“青春无敌”套餐是没有很高知名度的“邻家女孩”做代言，而且有“暑期优惠”活动；“美丽佳人”明星套餐针对白领女士，请韩国电影明星代言；而“年轻十岁”中老年套餐则是让50岁以上的老人现身说法。

这样不同的分类可以让新客户很容易找到最接近自己期望值的“成功案例”，也就更有打动力。有趣的是这三种套餐虽然成本基本相同，但价格相差悬殊。在这个例子里，你再次看到了期望值、满意度和附加值之间的关系。

无论你想利用什么方法来界定客户的“期望值”，有一点是需要牢记的：不同的客户对相同的服务流程会产生不同的满意度。也就是说，如果你设计的是标准化的、固定的服务流程，那么要得到所有客户的满意是不可能的。你可以把TCS（完全客户满意）当做努力的目标，但你同时要明白客户永远有挑剔和不太挑剔之分。

同一部电影，看过的观众会褒贬不一；同样的旅游景点，来过的人会有不同的印象；同样一场演唱会，不同的听众会有不同的兴奋度。在这些不能整齐划一的体验中，如何衡量你的服务是否达到了足够的满意度要求？是靠平均值，还是关注“大多数”、忽略“小众”？

希望下图（图6－2）可以给你一些管理客户满意度的启发。

如果你有足够多的真实数据，你就可以把你的全部客户都在下图（图6－2）的四个象限中标注出来。

（1）如果你的多数客户集中在五角星的区域，祝贺你，你的服务设计是成功的，你的服务流程已经经过了成本优化。

（2）如果你的多数客户集中在三角形区域，你要考虑如何降低你的服务成本，否则随着服务人群的扩大，过去盈利的部分可能会

图 6－2　如何管理客户满意度与控制服务成本

变得不盈利。

（3）如果你的多数客户集中在圆圈的区域，你需要考虑如何设定不同级别的服务项目，让你的潜力客户能够更多地转移到上面的两个区域中，因为下面的阴影区域里都是不稳定的客户，他们随时可能转向竞争对手。

（4）我不认为你的多数客户会集中在"挑剔客户群"中，如果是这样，你的企业不能持续运营。你也未必有机会来实践本书中关于服务的新想法了。

第 21 节　阶梯式体验设计

在这一节里，我们将综合利用前一节提到的对客户满意度、期望值和附加值的关系，争取为不同的服务行业找到一条创造超越客户期望的共同之路。

一 规划客户的成长路径

我们把这种通用的服务体系设计称为“会员制模式”。近年来，会员模式在服务行业得到了广泛的应用。因为在这种模式中蕴涵的“阶梯式体验设计”，可以有效地把客户的期望值与企业的盈利要求进行匹配，满足希望高期望值同时又愿意多付费的客户得到“尊贵体验”的需求。这种对比也把“核心客户”的期望值锁定在一个比较合理的水平，这样企业就不至于为了满足挑剔的客户而跨越成本平衡点。

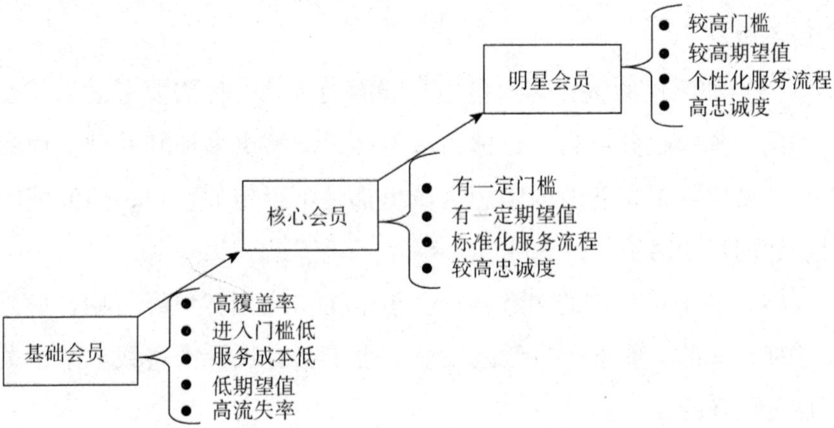

图 **6－3** 客户的成长路径

在图（图6－3）中，我们看到“客户”也被称为“会员”。和“客户”不同，“会员”更接近于“群”的概念。当我们把服务内容分出级别并为不同等级的客户设定“进入门槛”的时候，我们就将客户区分成不同的“群”。对有着共同兴趣爱好的客户来说，归属于哪个群取决于他们的“痴迷程度”；对有着不同要求的客户来说，归属于哪个群取决于他们的“挑剔程度”；不经过一定时间的积累，普通会员无法晋级到“贵宾会员”；初级会员为了能得到更好的服务而持续消费，并容易被“高级会员”的示范效应影响。

当客户沿着这一路径逐步“成长”的时候，每一阶段，他们的要求都会发生变化，满足要求的方式也需要相应的变化。不同的客户群在相互的映射下，他们的期望值都有了一定的参照。

会员制模式之所以有跨行业的通用性，因为这种阶梯性的会员体验设计能够很好地解决以下难题：

（1）如何在可控的服务成本内覆盖多样化的客户期望值？

（2）如何有效地提升客户的忠诚度，延长客户生命周期？

（3）如何设计持续的沟通，并鼓励同一客户持续消费？

（4）如何为类似的客户创造社区化的归属感体验？

二　采用“会员制模式”要避免的误区

随着“会员制模式”的普遍采用，有一些误区是你需要避免的。尤其当你已经在考虑如何利用“会员制模式”来改进你的服务体系的时候，请注意不要犯这些错误。

（一）误区一：把会员卡简单地等同于折扣或返利

低价、折扣、让利都是很吸引人的，通常也是最快得到客户反馈的方法。但是要记住刚刚加入的“基础会员”还没有机会与你进行深入的沟通，这就意味着你对他的高层需求还不了解，也就不大可能为他们创造更高的价值。这时候的让利会让“基础会员”建立起对未来更高的折扣的期望。以价格政策吸引来的客户往往容易被低价拉走，尤其对于那些除了让利之外还没有开发出更多会员服务的企业来说，这样的“会员卡”最后就等于“折扣卡”，如果这样对你的成本压力不大的话，你还不如直接降低产品的标价。

要记住，如果你没有了解你的客户，并为他们规划“成长道路”的方法，你也没有必要采集客户信息。“会员卡”是你创建“客户群”的起点。

（二）误区二：没有构建与会员持续互动的渠道

翻一下你抽屉里那些尘封的卡片，中国的“中产阶级”消费者平均拥有 10 张以上的各种“贵宾卡”。但是这些卡片中有 50% 以上，已经是不会被使用的“死卡”。而办卡时留下的客户数据很大一部分也是很久没有更新的“静态数据”。

由于没有建立起能够持续与会员沟通的渠道，你的想法无法传递给他们，你对他们没有任何的影响力。无论是商业信函、E-mail、短信还是其他的沟通手段，利用我们在第四章里提到过的方式在沟通中设定“反馈信息”节点，以此来测试你的“会员活跃度”是不错的方法。不少会员制企业以“定期积分清零”等比较激进的方式来“迫使”会员做出反应，并利用这种方式清除数据库中不能用来做消费预测的“沉积客户”，这也是一种可以考虑的手段。

（三）误区三：吸引的会员越多越好

会员制模式设计的终极目标是持续盈利。

如果小规模的“客户群”测试中你已经确定这是可以实现的，你就应该想尽办法去扩大你的群。但是，如果你还没有这样的把握，更多的会员可能让你陷入更大的亏损中——因为会员体系的成本是随着它的规模真实发生的，而且很容易成倍增加。

另外，过多的会员也会降低“社区”的吸引力。一旦“社区”形成了，社区内的成员会排斥那些“非同类”。这样，要吸引并挽留更多的会员，你就必须不断地投入成本，创造“有黏性的社区”，过于多样化显然会成为负担。

建立与客户的期望接近的“社区”，并以可控的成本交付令他们满意的服务，这其实和社区的规模并没有必然的联系。所有的“高尔夫俱乐部”都有很高的进入门槛，新会员需要通过资格申请，而且这样的“社区”绝不以追求会员规模为目标，“俱乐部”也能够做到持续盈利。

(四) 误区四：会员晋升条件的设定与会员的成长路径不符

你可能会在购物中心遇到招商银行信用卡的促销员，但这并不等于你可以轻易地成为“金葵花理财贵宾”。会员的进入和晋升门槛是逐步提升的，要做到这一点，你需要运用你对客户群的深刻理解，把他们在各个阶段的主要需求由浅入深地画出一条路径。

> 以“个人金融”为例，一位基础信用卡用户的需求可能是便捷的付款方式和身份象征。这时他还只是一个刚刚毕业的“就业新人”，当他已经能够享受到每月“先贷后还”的付款便利以后，可能就希望家中的大件消费，例如家装、婚嫁、旅游消费也用分期付款的方式实现；当他习惯了这种消费模式以后，他的购房贷款也可能在招商银行完成。

在这个成长周期中，消费者实际是在与招商银行“同步成长”，他的需求逐步深入，他与招商银行之间长期积累的信任关系是他能够持续进行阶梯性体验晋升的关键。你的会员晋升条件能够恰好地反映出你的客户的“成长性体验”吗？如果不能做到这一点，你的客户可能在需求发生变化的时候掉头而去，前期的积累都会前功尽弃。

（五）误区五：提高会员的离开成本

这是一个“高级错误”。在相当多比较成熟的会员制模式中，我们还能看到用提高离开成本的方式来“强制会员忠诚”的做法。

例如，银行的提款手续费，当你要把资金转移出某个银行的时候，才发现在合同的背面用小字标注了高额的手续费。银行的初衷当然是为了保留资金，但是这么做的后果是破坏了会员和企业之间的信任——企业的最宝贵财富。如果你不得不咬牙交了“离开手续费”之后取出了资金，你一定会下决心再也不和这个银行打交道了。

同样，取消手机服务强迫客户交纳高昂的费用，或者美容行业通行的“预存余额，多次消费”，这种“圈快钱”的方式最终会伤害整个行业。相信我，如果客户想离开，他们一定能找到办法：他们可能把含有“预存金额”的会员卡打折变现，也可能制造舆论来迫使企业放弃这部分“快钱”。

无论如何，企业的损失都是长久的。无法创建与客户双赢的成长模式，就注定无法持续赢利。

为了帮助你勾勒出会员成长路径，我们提供了下表（表6－1）仅供参考，并且我们期待着它能够在您的努力下变得更加丰富、更加有效。

表6－1　阶梯式体验设计中的关注点

	会员拓展	新加入会员	持续沟通	体验升级	推荐鼓励	流失挽留
吸引方式	目标会员特征描述	免费体验	社区氛围	社区权力威望	共同兴趣	投诉处理
	设定首次接触方式	“老会员”的现身说法	积分吸引	升级后的高级体验	返利 成就感 积分回馈	成功案例的影响
	入会奖励	鼓励反馈	社区贡献鼓励	忠诚度鼓励	推荐奖励	不同的离开成本
重点关注	会员信息	首次消费	活跃度	晋升比例	推荐人员	竞争对手
	选择合适的沟通渠道	消费偏好与未来潜力预测	消费周期 消费偏好 抱怨投诉	累计消费金额 升级反馈	不同的鼓励方式的作用	流失触发点

关联案例：对“汽车俱乐部”的辩论

调查指出，维护私人轿车的费用大约是购置费的3倍，中国汽车市场就是一座“金矿”。

随着市场的不断扩大，汽车售后服务的内容也不断扩大，除了常规的维修和保养，消费者对于汽车装饰、汽车音响、车载电子、汽车安全、汽车改装等市场领域的需求也在日益增大。

在一次讨论中，我们给出了下面两家颇有特色的“汽车俱乐部”的经营背景资料，并把讨论者分成两个小组：管理组和投资组，让两大小组从各自的角度，对“汽车俱乐部”采用“会员制”的经营现状进行了讨论。

大陆汽车俱乐部

（一）企业背景

大陆汽车俱乐部（CAA）是国内首家以规范的会员制形式向驾车人提供全方位服务的汽车俱乐部，也是中国首家借鉴欧美流行的会员制为运行模式的汽车俱乐部。1996 年 4 月 1 日，大陆汽车俱乐部正式运营，并推出了一系列服务新项目。

（二）经营现状

1. 会员卡

CAA 为会员提供了两种会员卡，期限均为一年。

标准卡：会员资格费 80 元，年费 300 元。

通卡：会员资格费 80 元，年费 500 元。

当会员卡到期后，会员可以在到期前的任何一天续会，续会时只需交纳年费，不需要重新注册。

2. 会员服务

（1）行车保障的免费服务（也被 CAA 称为“硬服务”）

包括：现场急救、现场急修、拖带、送油、换胎、困境解救、换季保养等服务。

（2）全面周到的便利服务（也被 CAA 称为“软服务”）

包括：代上牌照、代客验车、代办年检、代客驾驶、代理保险、代订客房、代订机票、代交养路费、汽车技术和交通安全咨询等服务。

其中优惠服务包括：保险、修车、配件、洗车、餐饮、娱乐、订宾馆等。

(3) 会员体验服务

自驾车游、会员联谊活动、会员通讯、会员网上社区等服务。

3. 主要业务

目前国内的汽车俱乐部利润主要来自两个渠道：一个是会员的会费，另一个就是通过提供汽车救援服务收取费用。显然，仅靠这两部分的收入是不足以支撑整个俱乐部日常运作的，业内统一的说法是，大多数汽车俱乐部处于维持阶段，不少俱乐部还在亏损。无论是提高会费还是增加过多的额外救援费用都会损害消费者的利益，让他们产生不信任感。成立之初，大陆汽车俱乐部也主要依靠会员的会费以及汽车救援作为主要收入来源，但后来逐渐摸索出一条以代售汽车保险为主的赢利业务。

CAA通过和国内包括平安、太平洋等保险公司的合作，进行车险代理销售。发现这是最容易被会员接受，同时续签率也比较高的业务。逐渐地，在俱乐部热线电话的特别提醒中，除了会员加入和汽车救援外，还有汽车保险代理。汽车保险也和会员卡一起，成为大陆汽车网站上首选的两大主要业务。但是，随着国内汽车市场规模的增大，汽车保险业务成为各个汽车俱乐部争抢的“香饽饽”。

(三) 分析

正方（管理组）：CAA能够规划出一条从普通会员到高级会员的“成长路径”，通过对“硬服务”和“软服务”的搭配，让初级会员、高级会员感受到服务的差别，促进初级会员向高级会员的转化，是成功的会员制业务模式的规划。

反方（投资组）：CAA的“硬服务”：提供免费道路救援服务，完全依靠自身力量来实现这种服务，要求大量的基础建设和投资，包括设立救援站、配备救援设备、培训救援人员等，这使CAA的基础服务的投资成本加大，虽然找到可以靠代理保险而赢利的新途径，也很难实现快速的发展。CAA 被澳大利亚保险集团 IAG 的收购也证明了这种自建救援体系的模式陷入了“网络陷阱”，如果没有强大的投资能力是很容易陷入无法持续经营的困境。

（四）点评

“管理组”很好地将会员模式的成长路径运用到 CAA 的案例中，重点强调了会员的成长，体现了“管理组”的学习能力。但是，“投资组”主动寻找了背景资料中没有提供的收购信息，而且从成本——服务的角度提出了异议，这一点难能可贵。

实际上，这个案例最重要的信息就是提醒我们应该如何规划基础服务。考虑一下成功的会员模式——飞行里程俱乐部：给所有会员的基础回馈是“里程兑换机票”，对乘客来说是有价值的服务，而对服务的提供商航空公司来说，这是成本最小的回馈。在航班固定的情况下，飞机上的空座是固定成本，无论是否回馈给客户，都不影响航空公司成本，这是 CAA 要从无到有地建设一个“救援服务网络”所不具备的成本优势。因此，在提供基础服务方面，飞行里程俱乐部比 CAA 的设计要经济并成功得多。

联合汽车俱乐部

（一）企业背景

联合汽车俱乐部 UAA 立志成为中国最大的汽车俱乐部、中国最大的汽车在线服务提供商、中国最大的汽车消费电子商务网站。UAA 的 CEO 一直用“AAA＋携程”来说明 UAA 的商业模式。采用和 CAA 不同的免费入会机制降低了汽车服务的门槛，像携程一样在超市、加油站、购物中心等人流众多的地区，免费发放会员卡，免费赠阅会员手册、交通指南、地图，利用数量庞大、门类齐全的加盟商队伍，和投入巨资建立的96122会员呼叫平台，创造了一个“轻公司”的汽车会员俱乐部。

UAA希望通过在全国各地建立统一的门店，实现区域性的连锁经营策略，将服务深入到中国的每一个角落，实现会员、UAA和加盟商的三方共赢。到2007年5月，UAA会员总数超过150万，北京就超过50万，合作伙伴更是超过1.7万家。

（二）经营现状

1. 会员服务

在UAA的会员手册上列出了十三项会员服务。

（1）特惠车险，承诺以最低价提供各大保险公司的车险，实现报案、理赔一条龙服务；

（2）收费的全国救援服务；

（3）最低价的维修保养服务；

（4）汽车美容装饰；

（5）3~7折的特惠洗车；

（6）持VIP联名卡消费，可在携程及UAA遍布全国共4000多个特惠商户处享受打折消费；

（7）酒店预订；

（8）机票预订；

（9）汽车团购：根据所统计的会员购车需求，通过和厂家或者经销商谈判，借助会员的优势，让会员享受到优惠的购车价格；

（10）二手车：利用先进的网络平台（电子商务网站），集中各类二手车交易信息，建立了一个覆盖全国的二手车电子商务网络，集商务信息、在线交易、评估及交易指南信息、售购为一体，为会员提供真实、有效的二手车交易服务；

(11) 目的地指南；

(12) 钥匙狗：钥匙丢失，拾到者会根据钥匙狗上的信息致电UAA 客服中心，便于会员尽快找到钥匙；

(13) UAA 业务所在地的各个城市的行车地图。

2. 会员积分

UAA 根据会员积分升级，成为 VIP 会员的车主，可获得 UAA 赠送的 500 点消费积分。消费积分可以换取 UAA 提供的各种精美礼品，并且可以下一年继续免费享受 VIP 会员服务等奖励。

（三）分析

正方（投资组）：无须自行建设救援网络，通过与各个汽车修理厂、保险公司和携程签定会员共享等合约，迅速构建起自己的“服务网络”。UAA 的最大投资是呼叫中心，通过电话处理会员请求，并进行保险销售，低成本的运营方式可以实现更快的业务增长。

反方（管理组）：UAA 的学习对象是携程，但是携程可以在每一次会员预订酒店和机票的时候提供折扣，并分享利润。因为酒店和航空公司是相对集中的供应商，也就是说，他们更关心消费规模，这也是为什么“旅行团”与“散客”之间存在巨大利差的原因。

在汽车维修方面，尤其是道路救援的成本上，不存在“集体救援”与“单个救援”之间的成本差，单人服务成本是基本不变的，这决定了 UAA 要为会员提供服务，不能仅靠低成本，更要管理服务体验。而 UAA 无法决定加盟商提供的服务体验，所以 UAA 会变成一个依靠免费发卡换取资料，然后推销保险的电话保险代理。

（四）点评

管理组的观点可以说把住了 UAA 的命脉（因为管理组中有成员曾经是 UAA 的会员，对其服务能力有切身的体会）。如果普通会员无法得到能够进行口碑推荐的服务体验，会员制模式的内在生命力就很值得怀疑。携程也不能做到控制加盟商的服务体验，但为什么比UAA成功？这值得大家继续思考。

三　总点评

对于所有采用会员制模式发展自身实力的企业来说，“飞行里程会员俱乐部”的成功和失败之处都是最有借鉴意义的。因为“飞行里程会员俱乐部”第一次将客户期望进行了分级，并且用“消费—回报”的方式力图将客户的体验与企业的投入形成正相关。这样的消费计划通过“飞行里程”这样一个明确且合适的“消费指标”，将商务旅客的利益与航空公司、酒店、商务服务等联合服务提供商的利益统一到了同一个标尺上，从而成为所有“会员制模式”的鼻祖。

认真研究“飞行里程会员俱乐部”的发展和壮大的历史，能为各种会员制模式企业提供借鉴。

第22节　线上社区

服务方式如果能够成为双向互动的、随时可变的社区交流，它就超越了期望值。

还记得这个图（图6－4）吗？

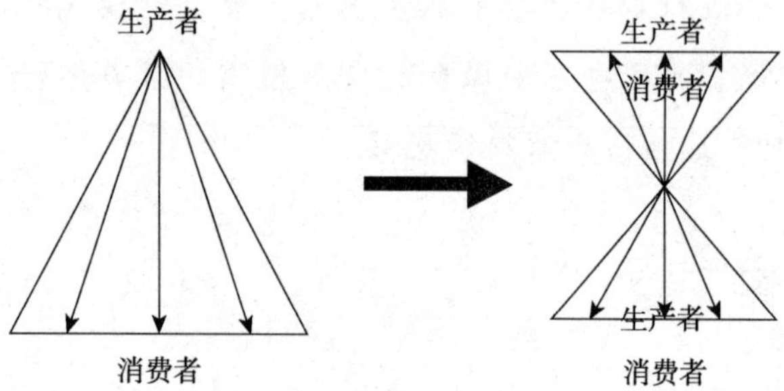

图 **6-4** 从金字塔到沙漏

在前面的三节中我们讨论的仍然是在“金字塔”框架下构筑的服务体系，是由服务的提供者单向地向客户提供某种或某几种体验。有没有办法运用第三章中的模式创新构建出互动的服务平台？答案是有，虽然还是雏形，但是这种可以支撑“沙漏式”体系的服务平台已经创造出了资本神话。这就是线上社区。

从最早的线上社区——新闻组（一种根据某一主题词而聚合的E-mail群发组）开始，人们就能够在这样“简陋”的社区中，体验同时做为一个信息发布者和信息接受者的双重角色。博客，人们已经可以通过自由订阅和自动发送的更新，更自如地在一个由无数自由“生产者”构成的社区中搜索、选择自己最喜爱的内容。同时，他们也可以随时成为一名“生产者”并引起他人的注意、获得评价。

在很多社区中，最有才华的“生产者”不能获得直接的利益，仅仅是收获赞赏、知名度，就足以给社区带来强大的吸引力。而YouTube这样以上传和分享视频为主的线上社区，更是创造了惊人的社区商业价值。我们看到，线上社区比传统的单向服务提供方式增强了互动性、丰富性、黏合性，线上社区“群”的形成速度要远远快于线下组织。

一　线上社区可以提升体验

线上社区具备了可以提升参与者体验的所有要素。

（一）良好的社区的包容性几乎是无限的

可以把网络本身看作是一个建设中的大社区。所有的信息都可以被发布，所有的信息也都可以被查找，无限丰富的内容为线上社区的服务体验创造了良好的条件。

（二）线上社区可以满足信息接受者的期望值

当人们拥有寻找和匹配的工具的时候，就可以通过上图（图6－4）中的“中间点”以“自服务”的方式找到自己所需要的服务，这一过程必然是“一对一”的，而且不会增加成本。无论你的期望是什么，可以说线上服务都可以提供给你最匹配的内容和体验，这让每位信息接受者都能满足他们的期望值。

（三）社区与客户体验共同成长

当社区忠诚度被加强以后，会有更多的人自愿成为服务的“生产者”——他们开始制造独一无二的内容并无偿分享给其他人。这样就形成了社区与客户体验共同成长的正循环。

二　线上社区开辟了全新的服务模式

许多“传统型企业”也看到了这一点，企业力图利用线上社区增值。

像惠普、三星这样的企业积极地为客户提供线上社区，客户可以在“三星乐园”这样的社区下载手机铃声，与其他客户分享手机背景图片等。对苹果来说，如果没有配套的 iTunes 和 App Store-E，产品的魅力会大打折扣。

现在，要让这样的“客户”，获得“供应商”提供的最佳体验服务，经营者的重心从最顶端转移到了中间点，从“生产者”决定提供什么、不提供什么转向建设一个更丰富、更包容的平台，从服务提供商的角色转向社区管理者的角色。

当然，在各种形式的线上社区——新闻组、BBS、网络论坛、相册、视频社区、交友社区、博客、微博中，将线上社区的服务魅力发挥到标致的还要数网络游戏。网络游戏已经将线上社区服务成功地转化成了真金白银，并且有多个赢利点，它交付的是纯粹的客户体验。网络游戏在很短的时间内发展出了多个流派，创新还在不断涌现。

从 2002 年到 2007 年，中国的网络游戏的复合增长率在 60% 左右，2002 年中国网络游戏用户为 840 万，2003 年达到 1380 万，2006 年达到近 1 亿。2002 年中国网络游戏出版市场实际销售收入为 9.1 亿元，而 2003 年达到 13.2 亿元，2006 年近 70 亿元。同时，全球网络游戏产业也经历了高速增长，产业规模从 100 亿美元增加到 250 亿美元。而到 2008 年，以网络游戏产业为主导的互动娱乐产业超过传统音乐产业，成为全球第二大娱乐媒介。

那么，如何衡量网络游戏中的体验满意度呢？要比较不同的游戏，最经常用的指标是在线人数和在线时间。人数越多，游戏者和游戏者之间就越容易互动。在线时间的长短说明了游戏是否有吸引力。

事实上，早期的在线游戏的收费方式是按时间收费的，比如点卡，时间用完了，游戏就必须停止。这种收费方式很快被更好的模式取代。现在，大量的线上游戏都不再限制时间，是“永久免费”的，但是玩家为了获得更高级的装备就要耗费“真金白银”。这些消费是真实发生的，在线游戏的玩家得到的到底是什么呢？

是一种体验。在互动的社区里，由于参与者的增多，玩家之间的交流比单向的“提供——接受”形式的其他服务更容易创造出丰富的体验。

在“魔兽世界”里，当玩家组成的队伍中有人牺牲，组员的心痛程度不亚于损失了一个真实世界中的好友。有人用长达十年的时间把一个游戏打通关，可谓与游戏共同成长；还有人与游戏中的其他 ID 恋爱并从虚拟转向现实……游戏的形式也从纯文字的“泥巴”变为影像、声音并存的图形界面，3D 立体游戏的开发也紧锣密鼓。所有这些努力都是为了让体验更加逼真、更加丰富。

网络游戏在很多方面符合服务设计的规则。

新游戏可以快速地吸引愿意尝新的玩家，玩家之间的互动能够很快地形成“群”，“群”可以创造归属感。当玩家的经验值开始积累以后，玩家就有向更高的“荣誉”通关的欲望，所有的游戏都会设计出阶梯状的荣誉台阶，玩家的忠诚度越高、在线时间越长、他的“消费潜力”也就越高……

不过，网络游戏也有不同于“常规服务”的地方，最突出的问题是：在网络游戏中，玩家的期望值是如何界定的？这种体验的附加值是怎样被确认的？花 1000 元买一把“魔法刀”是贵还是便宜呢？

服务的“附加值”理论在这里好像又不适用了。与其说玩家是抱着某种期望值加入社区的，不如说是对体验的向往。不少玩家一旦有了“游戏生命”就很难离开。很少有人是在玩遍所有游戏后，才决定哪一个游戏是他要持续玩下去的。

期望值由类似体验形成的平均值这个规律也不适用。游戏的设计和互动性让玩家的体验不断变化，期望值其实已经无从设定。玩家的满意度已经完全和体验挂钩。

目前，我们只能说网络游戏给玩家带来的价值完全取决于玩家自身的体验。好在体验本身是可以衡量的。

在广度上，可以比较不同的游戏带来的体验的丰富程度；在深度上，可以比较不同游戏体验的纯粹性或者说强度。同样的战争游戏，体验过逼真画面的玩家就不屑于简单的 Parachute（一种早期的“坦克打飞机”游戏）。人们愿意为游戏花钱，要么是因为游戏能够拓展出更丰富的体验，要么是因为游戏能够加强某种特殊的体验。

当服务方式成为双向互动的、随时可变的社区交流，它就超越了期望值。

立刻行动：十大方法立刻提高客户满意度

不希望从根本上调整服务模式，但需要快速而有效的方法来改善客户满意度，能做到吗？

没问题，看看下面有哪些是你可以立刻运用的。

（一）设立投诉热线

设立容易被记住的投诉热线（实际就是总经理的办公电话号码），并把它印在公司的宣传册和信纸上，保证投诉热线被接听和处理。可以让总经理助理记录每个投诉电话的内容和处理结果。

（二）回访客户

让总经理助理打电话回访你最重要的客户，保证这一做法的持续性。

（三）提供额外的服务项目

考察你的竞争对手的服务流程，结合客户的需求，在你的“行业标准服务”之外提供额外的服务项目，把这些项目印在产品的外包装上。

（四）提供会员体验服务

在最容易接触到客户的地方推出会员体验服务，让你的重点客户先尝试创新服务项目，并倾听他们的反馈。

（五）建立客户“群”

协助在最成熟的客户中建立“群”，具体方式可以召开客户座谈会或提供网上论坛，要确保你能看到“群”内的活动情况和讨论内容。

（六）增加游戏性质的服务项目

例如，积分换取奖品、设立不同的奖项鼓励客户之间的相互服务。客户 A 公布了他的改进方法，得到了其他客户的热烈响应，给予客户 A 红包奖励。

（七）基础服务自动化

例如，将你的维修部门内部使用的《常见问题回复》直接公布在客户论坛上，并设立搜索，让他们可以自助服务。

（八）鼓励客户

鼓励你的客户讲出他们的“成功故事”，如果能集结成册更好。

（九）咨询客户

向你最重要的客户询问他们最想得到的附加服务是什么，并考虑如何设立晋升门槛确保新的附加服务的利润。

（十）告诉你的“普通客户”如何才能获得“特别服务项目”

本章小结

本章首先讨论了产品的服务化趋势。

由于需求的多样化和需求层次的提升，服务比单纯的产品更能够满足人们的“高层需求”。服务逐步成为企业盈利的重心。今天，为了保证能够得到服务带来的附加值，很多企业运用了各种方法来设定或影响人们的期望值，当独特的“客户体验”能够带来不可比拟的满足感时，服务的附加值就越大。

在丰饶社会中，服务的变化同样是从单向变为双向，给客户带来更加丰富的体验。在这一过程中，由客户相互之间通过共同爱好和交流创造出的社区体验，正成为“新型服务”的重要组成部分。过去的服务提供商要适应这一趋势，就必须转变为社区的建设者和管理者。

[转变6]

从“偶然购买”到“重复购买”

企业要长久赢利，企业管理者需要客户的忠诚，就要让客户保持长期不变的消费习惯。但是客户的忠诚似乎是不可捉摸的，即使过去忠诚，现在忠诚，也不能保证未来同样的客户还会做出同样的选择。

一种已经证明了真实存在的需求，为什么又会发生转移？是否需求也会经历：出现——蓬勃——消亡的生命周期，有没有办法避免这一宿命？

真的存在客户忠诚吗？客户忠诚究竟是如何形成的？客户是对产品忠诚还是对需求忠诚？原有的需求为什么会发生转移？企业怎么做才能“黏住”客户呢？

第 23 节　客户忠诚是否真的存在

在考察客户忠诚的时候，我们发现新的消费习惯基本上总是经历：实验——推广——定型的阶段。在实验——推广的阶段，并不是只有供应商在努力，客户在其中也起着巨大的、甚至是主导性的作用。

一　客户忠诚的重要性

如果能够让客户保持忠诚，对于企业的经营者来说，不啻于一个天大的好消息，这意味着，你可以不断拉长时间，将一个初次尝试的客户培育成为持续消费的客户，将每一次赚到的利润，以时间为倍数加以放大。

一旦客户形成新消费习惯，客户在未来的消费中将直接跨越比较选择阶段直接进入到消费过程中（会员制常常在其中扮演重要角色），如此一来，那些“看起来不会发生变化”的消费数据就会对公司价值的评估产生重大影响。

在早期“尝鲜”客户形成稳定的消费习惯之后，投资者也很容易认同公司的价值。企业比初创期更容易获得融资或信贷支持，这将支撑企业把产品、服务推广到更广阔的市场，从“行业挑战者”成长为“行业领头人”。多数新兴企业都是靠早期的忠诚客户发展壮大的。

我们已经知道，即使企业必须以产品作为传递价值的载体，企业能够提供的还是服务，所有的服务提供商都把培养客户的忠诚度视为成功的关键。服务比产品更受青睐是因为服务的消费是可持续的、可重复的、可升级的。仅仅以推销产品为经营目标的企业早晚会碰到“市场占有率”的瓶颈，如果你提供的是服务呢？市场占有率就成为了一个可以用来计算未来收入的乘数。客户忠诚正是把加法变成乘法的关键。

不过，也因为客户忠诚如此重要，我们更不能把客户的重复消费、累计消费视为理所当然的。例如“星巴克”的起伏，在疯狂扩张门店，增加新客户的时候，管理和品质下滑，流失的客户超过了增加的客户，即使新门店开得红火，企业的赢利能力还是下降了。

因此，有必要认真地探讨一下：客户忠诚究竟是如何形成的？在什么条件下，忠诚的客户也会发生转移？对服务提供商来说，应该怎么做才能让客户持续不断地保持信赖和满足感？

二　客户只对需求忠诚

如果你曾经听过一些专门探讨“客户满意度”和“客户忠诚”的讲座，对上述问题的现成答案基本可以归结如下：利用各种联络手段与你的客户保持联系；给你的忠实客户以折扣或礼品等形式的“回报”；记住客户的喜好，在他下一次消费的时候按照他的喜好给予推荐；关怀客户，将纯粹的交易买卖变成更有情感投射的“归属感”……

很多企业已经在“按方吃药”了，因此，消费者收到了越来越多的打印着折扣消息的信笺，不时接到有着准确称呼的短信，手中的“会员卡”、“贵宾卡”也越来越多，消费者在各种场合填写各种表格来说明自己的喜好，偶尔也会用“积分兑换”得到一些小礼品……

但是，没有一家企业敢承诺客户不会流失，即使这些“功课”已经做到位，还是有客户改变长久以来的消费习惯。即使你握有的数据再多，使用最复杂的预测模型，这些改变看起来似乎还是不可避免的。

或许，我们应该提出的问题要变成：真的存在“客户忠诚”吗?

让我们回顾一下报纸的兴衰。

最早没有报纸，那时生活悠闲、沟通简单，如果报纸一直不出现，也许人们也不会感受到读报是一种“需要”。但是，报纸确实出现了，而且很快成为人们生活中的“必需品”，人们对报纸的消费依赖也逐渐建立起来。

在四百多年的时间里，订阅报纸、消费报纸逐渐成为稳定的、“看起来不会发生什么变化”的习惯，报业也逐渐拥有了稳定的客户群、发行渠道、广告商和记者群，行业的利益链条成型了，长期以来基本不变。

但是，到了21世纪，人们对信息获取的手段和方式突然发生了改变，报纸曾经受到过电台、电视的冲击，但没有一次比网络的冲击更不可抵挡。这一回，无论是从订阅数据还是广告投放上都能看到明显的减少趋势。

当网络阅读越来越普及的时候，资深报业人束手无策地看着曾经相当稳定的“客户”发生转移——人们可以随时随地接受最新资讯而不必再翻看越来越厚的报纸，并能轻易地忽略以前被“强迫阅读”的广告。

虽然我们现在断定“报纸已死”还为时过早，但是这种预测的确不是无稽之谈。越来越多的人已经将“一手端咖啡，一手翻报纸”的习惯改变为利用无线设备、手持移动设备进行“电子阅读”。

这种现象促使我们思考：客户真的是对报纸忠诚吗？还是他们只是对获取即时资讯有需求？

以上只是一个案例，事实上和阅读报纸一样，各种“看似不变”的消费行为却能发生巨大变化，时常让旁观者措手不及。消费习惯的改变不但是一个无法避免的事实，而且管理者的目标已经从“努力适应改变”向“主动创造改变”演化。这说明，即使客户忠诚的确存在，能够让客户保持忠诚的不是那些“看起来不变”的做法，必须努力去寻找新的方法，让自己的企业可以适应甚至引导客户的行为模式。

这种思路和“保持行规”的因循守旧的做法截然不同。20 世纪 90 年代以来，行业之间的既定界限变得模糊了。正是那些“业内人士”认为的“外来者”在以“匪夷所思”的方式打破常规。他们往往会问出一些“业内人士”认为理所当然无须思考的问题。

例如，为什么电话费要按通话时间收费？为什么银行可以以转账金额的某个固定比例作为手续费？媒体必须要做广告吗？做广告的必须是媒体吗？歌曲必须通过发行商的推广才能流行吗……

在“新方式”层出不穷的时候，客户喜好逐渐从统计中显露出来。在考察客户忠诚的时候，我们发现新的消费习惯基本上总是经历：实验——推广——定型的阶段。在实验——推广阶段，并不是只有供应商在努力，客户也起着巨大的，甚至是主导性的作用。

新的方法常常不是通过广告传播、销售人员的巧舌如簧而被接受的，是通过早期客户的口碑传播、良好的初次体验和自发的持续消费而“自然”生长起来的。这一特性对投资者而言非常重要。当你面临两家都在寻找“明天的读报模式”的企业的时候，只要对比两家企业的新客户增长速度，你就知道哪一种模式更有前景了。

第 24 节　用户黏性来自何方

用“产品生命周期”来分析，往往会把衰退的到来归结为技术更新，却很少有人考虑为什么已经被市场证明的需求会无缘无故地消失。“产品生命周期”所描述的周期性衰退的困境从需求的角度来看，实际上是未能持续保持“用户黏性”的问题。

一　用户黏性决定了产品的生命周期

在上一节中，我们提出了一个很难解决的问题：企业要保持长久赢利，企业管理者需要客户的忠诚，就要让客户保持长期不变的消费习惯，但是客户的忠诚似乎是不可捉摸的，即使过去忠诚，现在忠诚，也不能保证未来同样的客户还会做出同样的选择。这种改变随时都可能发生。

这个无解之题并不是现在才出现的，过去它出现过，只是那时我们固执地认为企业的核心是产品，我们不知道为什么曾经风靡一时的产品会销声匿迹，我们也无法判断某种企业的核心产品或者“行业标准”何时会被抛弃。但是，依据经验，这个难题的确存在，而且有了一种“经典”的表述方式。

这种表述被称为“产品生命周期”。1966 年提出这一理论的美国哈佛大学教授雷蒙德·弗农认为：产品的市场寿命是有限的，每种新产品都要经历从开始进入市场到被市场淘汰的整个过程。产品生命是指市场的营销生命，要经历开发引进、成长、成熟、衰退的四个阶段。产品生命周期理论长期以来被看作是有效的管理经验，并在此基础上提出了在各个阶段中，企业应该采用的市场策略。

在汽车出现的早期，价格高昂还不是最令人望而却步的，安全性、实用性被质疑，在汽车的引擎、刹车等关键部件经过一次次的实验，在各种天气条件和路况条件下都逐渐表现出稳定的性能之后，欧洲和美国不约而同地进入到了汽车的批量生产阶段，欧洲的甲壳虫、美国的福特T型车分别成为市场中的两大主流。

这种“批量化”将产品生命周期从“引进”、“成长”推向“成熟”，汽车开始成为大众可以消费的产品，批量化生产让价格快速下降，大众消费者也成为了汽车拥有者，甚至最后到了无车寸步难行的程度。虽然不能说汽车已经进入到明显的“衰退期”，不过说汽车已经进入到“成熟期后期”是基本恰当的。现在，几乎没有人会怀疑：如果汽车不能改变对石油的依赖，如果对汽车废气的处理始终无法取得突破的话，即使是已经成为主流、占据大部分市场份额的汽车，也必须经历“脱胎换骨”的改变，否则，汽车这一在工业化时代具有标志性的产业迟早会衰退。

用“产品生命周期”来分析，往往会把衰退的到来归结为技术更新，却很少有人考虑为什么已经被市场证明的需求会无缘无故地消失。让我们延续本书一直强调的“日心说”，从需求的角度来看，到底是什么决定了产品生命周期。

“产品生命周期”所描述的周期性衰退的困境从需求的角度来看，实际上是未能持续保持“用户黏性”问题。

在产品经历开发和引进期的时候，早期的用户通过尝试，来判断自己是否能够接受新产品，在接触之后是否对该产品产生依赖性，是否会自觉地持续消费。如果这些问题的答案都是肯定的，那么“新产品”就会聚集一批“拥趸”，这批早期客户为供应商创建了生存和改进的基础。

当“用户黏性”的范围扩大到更广泛的区域，当“拥趸”的数量越来越多，产品也就从“成长期”过渡到了“成熟期”，新用户在未接触产品的时候就已经从市场上获得“定论”，该产品是能满足需求的，同时产品的性价比也大大提升，能够满足“成熟期”出现的井喷式消费需求。之后，“用户黏性”逐渐衰退，产品进入衰退期。

无论新发明的出现曾经经历怎样的曲折坎坷，能够产生“用户黏性”的产品终究会成为司空见惯的“大众消费品”。

二 “用户黏性”发生转移的原因

既然“用户黏性”的存在已经证明了需求是真实的，这种被激发出来的需求为什么又会发生转移了？是否需求也会经历出现——蓬勃——消亡的生命周期？

需求没有消失，是演化了。当底层需求得到满足的时候，更高层的需求就出现了，过去可以赢得忠诚的产品、服务也许只满足了底层需求，当可以同时匹配底层需求和高层需求的新产品、新服务出现时，过去的“用户黏性”就会发生转移。

还以报纸为例，让我们将网络媒体和传统媒体在满足用户需求方面进行逐一对比。

表7－1　网络媒体与传统媒体在满足各层次需求上的得分对比

	网络媒体	传统媒体
①新闻的即时性	+++	+
②资讯的真实度	++	+++
③新闻内容的丰富性	+++	+
④新闻报道的深度	+	++
⑤新闻覆盖面	+++	++
⑥视频、图片、文字组合	+++	+
⑦存储时效	+++	+
⑧查询便捷	+++	+
⑨新闻衍生评论多样性	+++	+
⑩读者观点交流	+++	+
⑪读者投稿并获得关注	+++	+

通过11个方面的比较，我们可以看到，网络媒体在传播资讯方面总体得分高出了纸媒体。对于一名普通读者来说，他对媒体的最低需求是获得即时资讯，网络是重大突发新闻报道得最快渠道，当“获得即时资讯”这一基本需求得到满足之后，读者有了更高层次的需求，比如新闻的丰富性、可存储、易查找成为重要的需求。

事实上，在传统媒体中，报纸的信息存储量和查询方式更优于广播和电视，这也是报纸在即时性上输给广播和电视的时候，还能持续发展的重要原因。在网络媒体没有出现的时候，各大图书馆定期收藏报纸、制作目录索引，就是为了满足读者“进一步”的应用需求。但是，在网络媒体出现之后，报纸在满足这种“高层应用需求”上无法与网络相提并论。

目前的搜索仍不是最优的，例如搜索出的重复信息太多，没有像报纸的“深度报道”、“专题报道”那样一目了然的排版，没有经过编辑，覆盖多角度的观点呈现出无序状态。但是它在快速、方便和内容丰富方面的确胜过报纸，此时，“用户黏性”开始动摇了。

网络还满足了传统媒体从来不可能做到的更高层的读者需求。网络可以轻易地做到让共同关注某一新闻的读者交流观点，网络的投稿门槛极低，几乎人人都可以成为“突发事件”的“现场记者”(如微博让“自媒体”成为可能)。

当读者跨出“只能被动阅读”这一步，想发表自己的观点、提供自己的新闻素材的时候，更高层次的需求出现了。这种需求让读者有了被关注的可能，参与并期望获得关注，这是更高层次的需求。网络媒体在这一点上比传统媒体更有优势，用户需求在网络媒体上获得了基础需求、应用需求和高层需求的“深度”满足。

相比到已经遍布街头巷尾的报刊亭买一份报纸，在家按下电视遥控器，打开收音机，第一次上网阅读需要跨越硬件、软件等障碍，其实并不容易。但是新网民克服了这些不便，改变了使用习惯，在网络上阅读新闻、参与评论，这是否揭示了“用户黏性”的产生与转移现象背后的原因呢?

下图（图7－1）是马斯洛的需求层次理论。

受启发于马斯洛的需求层次理论，我们也可以为客户的需求画出层次，如图（图7－2）所示。

在产品激发出的“用户黏性”中，基础需求是最底层的需求。产品必须满足基本需求，例如手机能够通话、食物能够果腹，只满足基本需求所产生的“用户黏性”，在没有同类产品出现的时候是强大的，在竞争中却是最微弱的。只要有类似功效的其他产品出现，只要同类产品中的价格稍有下降，客户很容易发生转移，“价格优惠”是这类同质产品竞争的利器。

当产品和服务的组合不仅可以满足基础需求，还能够为客户提供社会性和归属感时，用户黏性增强了。这时客户不仅具有因满足了基本需求而产生的“用户黏性”，还会产生“品牌忠诚”。“品牌忠诚”高于“价格优惠”。品牌影射出消费者对品牌内涵的认同，

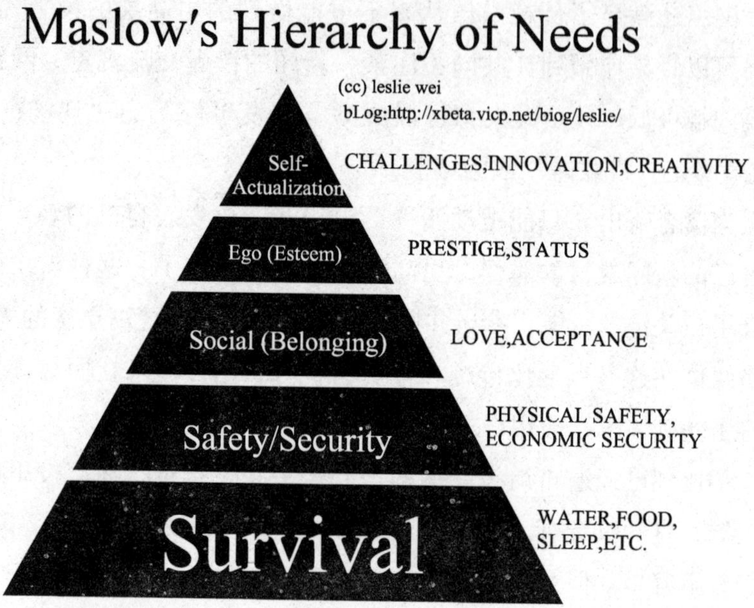

图 **7－1**　马斯洛需求层次理论

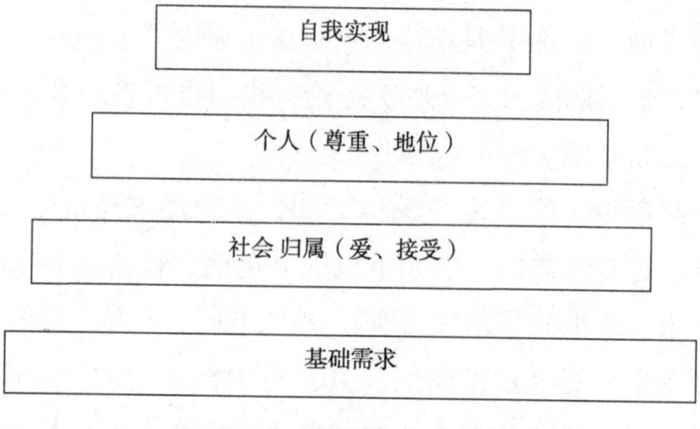

图 **7－2**　消费者需求层次

同时也吸纳了消费者对该品牌的情感投入。能够对消费者产生归属感和地位尊贵等社会含义。比如，奢侈品代表所有者的品位；豪华跑车折射出主人的潇洒不羁；高档餐厅体现出用餐者的尊贵身份。客户对品牌忠诚就可以接受较高的价格（或称“品牌溢价”）。

产品和服务的组合不仅能产生社会意义上的归属感，还能够激发用户的创造性，并对此给予关注，让用户感受到自我价值的实现，那么这时的“用户黏性”就达到最高水平。这就是为什么用户会对DIY成品充满感情的原因，即使没有利益诱惑和尊贵感受，用户仍然会在自己的爱好上投入非常多的时间和精力，在这种强烈的客户忠诚的驱使下，用户会一直追随产品、服务，甚至从单纯的消费者转变为合作者。

在这一点上，苹果公司可谓是业界的佼佼者。它把产品变成让用户感受到“自我价值”的载体，并借此获得了大大超出其他电子消费品的用户黏性。

第 25 节　争夺“黏性”的战争

平台同样面临着和传统服务提供商一样的难题：如何让用户知道？如何让用户喜欢？如何让用户离不开？

一　“平台”也要增强“用户黏性”

我们已经在前面的章节中讨论过，如果能够建立起沙漏型的“平台”，就可以利用交互沟通迅速地扩大“流量”；还可以在平台上将用户需求精准到“独一无二”，然后为客户“批量定制”。如果产品是比特化的，那么可以在“平台节点”为不同的客户创造独特的体验，以此来增强客户的认同感。当认同感达到一定程度时，用户会主动成为内容的提供者、产品的创造者，会贡献自己的创造力吸引更多有类似爱好的人。于是，一个个的“群”诞生了……

从此，平台自我滚动成长，“群”越来越多，平台的建设者也就拥有了不断扩大的“客户资产”。

看起来这是一个完美的方案，我们是不是漏掉了什么？

既然建设平台只赚不亏，那么必然会产生许多类似的“平台”。用户突然发现他面前出现了那么多条“高速公路”，他到底会选择哪一条“高速公路”呢？是否所有期望中的“高速公路收费站”都能建设成功呢？

答案显然是否定的。平台与平台之间存在着激烈的竞争，竞争让“用户黏性”变得更加重要。所有的平台都希望“黏”住用户，希望他们能每天登陆若干次，并沉在平台上寻找信息、发布信息，频率越高越好……最新的理论是：只有“活跃用户”才真正有价值。

二　管理平台经验

平台同样面临着和传统服务提供商一样的难题：如何让用户知道？如何让用户喜欢？如何让用户离不开？

我们从已经出现并相对成功的平台上总结了以下经验。毫无疑问，这不是一张完整的列表，更多的新方法正在涌现，这是一个将被不断完善、修正的单子。我们不妨先将它视为尝试的起点。

（一）做第一个“吃螃蟹”的人

你的想法是否真的有新意？

今天像新浪那样做门户网站不可能比新浪获得更高的浏览量。并不是说新浪的用户界面已经好到极致，而是当一个节点已经吸引了大量用户的时候，以同样方式来分流并“黏住”用户的可能性很小。

在网络上还没有“视频门户”的时候，YouTube 很容易以“视频集中地”吸引和“黏住”用户；当市场上不存在 48 小时快递服务的时候，联邦快递提供这种快递服务就能轻易地获得大量需要加快服务的客户。当最大的“节点”还不明显的时候，竞争可能在服务质量、用户界面上展开；一旦某个新兴领域内的“用户数量”到达“临界点”，就为这一领域的后来者设立了非常高的“进入门槛”。要大规模改变已定型的用户习惯，不但困难重重，而且耗资巨大。

（二）“锁定”流量

除了时间，早期的“节点”往往要依靠 1 ~ 2 个“关键应用”来“锁定”流量。对网易来说，免费邮箱就是这样的一个“关键应用”，依靠网络上的免费邮箱，网易逐步聚拢了第一批上网的“网虫”。直到今天，因为是 163 邮箱而必须打开浏览器就登陆网易的网民也不在少数。同样，Skype 超过 ICQ 的原因，它有更优质的网络语音技术，可以让世界上任何两个地点的人通过网络通话，而且对话音质和固定电话基本相同，这让 Skype 拥有了超高人气，并直接找到了第一个赢利点——从网络拨打到任意固定电话的收费服务。

（三）激发用户的热情

如果说“关键应用”往往只能满足上一节我们提到过的“基本需求”，那么只有激发出用户主动创造的热情，才能获得真正的“用户黏性”。

仍以网络上的“群”为例，从最早的群发邮件性质的“新闻组”到留言板（BBS），互动都为“虚拟社区”增添了魅力。早期的“忠诚用户”往往对推动群的发展起着至关重要的作用。中文网上的知名博主和菜头说有 99% 的网民会看别人的博客，只有 1% 的人会长期地、持续地写博客，并保持博客的可读性。就是这1%的博主，为网络世界增加了无数贴近生活的话题，引起了广泛的讨论，从某种意义上来说，“黏”住了99%的纯读者。

（四）社区也需要管理

还有一个规则是：无人管理的、“绝对自由”的社区不会自动长大。

这决定了要让“节点”真正地获得生命力，必须有一套独特的管理方法来鼓励用户黏性。从论坛软件可以自由下载以来，大量的同城社区、网络社区被成批地建立起来，而真正做到了“黏合”用户的微乎其微。它们基本上都处于荒废状态，没有发言标准，没有人推荐，也没有人回应。

社区管理，无论是人工的还是通过程序自动执行的，对社区的成长、“群”的扩张起着重要的作用。

无论是网络上的，还是现实中的“群”，或称“圈子”，都是由一群志趣相投的人组成的，他们相互寻找，以彼此的热情互相感染。由于话题投机，他们可以相互启发、沟通、交流、竞争，结果越来越离不开自己的“圈子”。

只要产生了这种“圈子”的黏性，就更容易获得良性发展。在这个过程中，每个群内的成员都能够受益，这触发了他们进一步参与的热情，“圈子”不断地壮大起来，而“圈子”中的所有成员也由此获益。如果一个平台可以容纳成百上千个这样的“圈子”，那么平台就具备了非常牢固的“黏性”。维基百科全书就证明了一个平台完全可以成功地组织起很多协作者，依靠兴趣他们就能创作出水准精良的共享成果。

“群”的“黏合力”带来的忠诚度是我们在上一节的讨论中提到的最高级别的忠诚——自我价值的实现。

投身圈子的“活跃用户”不仅仅是被参与其中的利益吸引，也不仅仅是因为能在“圈子”中获得情感认同，还因为“圈子”的壮大正是其成员的亲历亲为，就像“自家的孩子”一样。能够在“圈子”中成为“一言九鼎”的人物，或者是著名 ID，都能给创造者莫大的鼓励。甚至“圈子”里的纷争都证明为了某个虚拟的 ID 的荣誉，人们可以投入真实的感情和精力。“圈子”也正是依靠群策群力发挥出巨大的作用。

在《维基经济学》一书的开端，就谈到了这样的一个例子：黄金公司公布自己的核心数据资源，请任何人，无论他们是什么背景或专业，都可以加入到寻找金矿的“有奖智力题”活动。之后，各种各样的方案被提出了，有的是业内人士都匪夷所思的。结果那个出题的黄金公司的开采量增加了 30 倍！

对每个企图做“大平台”的人来说，对“用户黏性”的争夺实际上是管理和服务“圈子”规则的比拼。某些规则鼓励“圈内人”发挥自己的主观能动性，有些则打击了他们的创造力。

关联案例：豆瓣网——中国的 Web2.0 实验

从 2005 年到 2009 年的 4 年时间里，这个最初由 1 人开发、4 人运营（其中 2 人还是兼职）的书评、影评、乐评网站——豆瓣网，已经有 286 万注册用户，在 Alexa 上流量排名 400。更让人惊讶的还不是流量，而是每个用户平均 15 次的页面浏览量，这比新浪高出一倍，Google 也不过是 8 次，甚至 Facebook 不过是 10 次，用户在单个网站上点击的页面越多，说明这个用户越喜爱该站点。

长时间的浏览会激发他们的“创作”欲而贡献内容，这会让

“后来人”能够享受到更丰富的内容，形成良性循环。页面浏览用户是衡量网站“黏性”的一个重要指标。每10次的用户点击，就能产生一次购买行为。豆瓣通过与图书在线销售网站利润分成而获得收入，虽然收入不多，却足以让豆瓣在早期“自我造血”生存，这让豆瓣大大减轻了融资压力，得以在互联网中“安静地成长”。

我们可以用几条“军规”来验证一下豆瓣网。

第一条军规：抢占先机

豆瓣网的创始人“阿北”始终认为，国内的网站大多复制美国成功的网站模式，但豆瓣模式却是原创的，体现了第一条军规：抢占先机。“之前没有跟我们的概念完全相同的国外网站，我们当然也借鉴了其他网站的一些元素，但整体的模式是创新的。现在英文豆瓣出来，反而有些美国、欧洲的网站会借鉴我们”，阿北说。他没说错，在网络上还真找不到一个在界面、目标用户和盈利模式都和豆瓣相似的网站。

第二条军规：关键应用

豆瓣已经有了不少应用，但核心只聚焦于“评论”和“推荐”。在豆瓣首页，写着这样的话：“来豆瓣对你的书进行标注、分类、评价，豆瓣会根据你的口味，从百万种图书中挑出你最可能感兴趣的。”这两句话是一种无形的“契约”：作为豆瓣用户，你贡献你的“标注、分类、评价”，作为回报，豆瓣告诉你“你最感兴趣”的其他书或电影、音乐。这就是豆瓣向读者提供的关键应用。

在阿北考虑创建一个什么样的互联网服务的时候，最初的想法是做“自助旅游”服务网站，后来放弃“旅游”选择“书”是经过分析的。在确定以书为主要方向前，有人曾建议用时髦的数码产品、汽车等产品代替，但是杨勃认为手机的新品种也就那么几十种，很容易研究透。对手机的评价虽然有价值，但是让大众参与，让每个人都点评的价值不大。这种产品更适合由几个工程师完成评论。书就不同了，每年出版的书大约数十万种，没有人知道全部的种类，因此需求最旺盛，价值也最大。

有了这么大的“选择范围”，关键应用就存在于“给你你最想要的”。不少书迷、影迷、乐迷“先看豆瓣评分”再决定是否阅读、观看或是购买。

第三条军规：激发用户的创造性

这大概是豆瓣最值得称道的一点。在豆瓣出现之前，无论是新浪、天涯、猫扑，还是博客中国、校内网，都已经很努力地为客户营造“社区”氛围。

新浪、天涯、猫扑更接近于 web1.0 时代的“信息发布”方式；博客中国、校内则更注重客户之间的互动和联系，更多地体现出 web2.0 的特点。通过比较，采用了 RSS 触发更新、标签归类、相关推荐、甚至互动游戏等手段的 web2.0 网站，更容易让用户产生参与欲望。虽然创建时间尚短，还无法撼动 web1.0 的“眼球聚集中心”的地位，却在各自的“受众”中都创造出了更强的“用户黏性”。

其中，豆瓣采用的姿态比我们提到的这些 web2.0 网站显得更纯粹。豆瓣连“首页”都取消了。要知道，所有以内容吸引眼球的网站，在首页上放“推荐”几乎是天经地义的。可以说，如果新浪、天涯、猫扑等网站取消了“首页推荐”，会有大量的“信息提供者”掉头而去。因为没有了“热点”关注效应，停留在这些网站上所做的“贡献”，无论它们多么有创意、多么有爆炸性，都将被埋没到信息的汪洋大海里。

虽然博主、拍客、播客都知道，首页容量只有那么多，不可能人人都登上“热榜”，但这种被关注、被推荐的“待遇”正是因其稀缺而激励起作者的创作欲。为了成为网络上的“热点”、“焦点”，成为万人瞩目的“5 分钟名人”，让他们笔耕不辍。既然如此，豆瓣为什么能在“无焦点”的前提下激发用户的创造性呢?

豆瓣的逻辑是，即使没有“万人瞩目”，你的评论也能为和你有相似兴趣的读者带来价值。你不一定知道当红明星的绯闻，但是贡献一篇讨论“伊斯兰建筑风格”的评论也可以让有相同兴趣的人们感觉有价值。另外，虽然多数人都会对明星绯闻有好奇心，但首页推荐永远只是“小道消息”或哗众取宠的激昂文字，也会有相当多的“长尾读者”觉得和自己品味不同而兴味索然。

在“豆瓣”所宣称的“去中心化”社区中，没有舞台、没有聚光灯，但言之有物的内容会被分享。内容贡献者获得的是其他“同好”的注意，并能快速得到其他人的注意和评价，由于聚焦的范围经过了提炼，虽然“眼球效应”降低，但相关性却大大增强了。豆瓣书评被转为传统媒体刊登的比例也远高于其他网站，以至于不少报纸的“读书”栏目编辑都有豆瓣账号。为了增强“群”效应，豆瓣的重要衍生功能——友邻和小组，也正是为了创建一个个的“非主流”小圈子而诞生。

已经有无数的文章在讨论 web2.0。在我看来，互动性是区分 web1.0 和 web2.0 最鲜明的一个特征。然而互动需要基础。除了可以把新的评论迅速反馈给原创者的技术；除了可以为每个网页设定“关键词”式的标签，方便进行同类推荐；除了让用户在相互献花、买车位、做奴隶等线上游戏上感觉有趣之外，web2.0 中最有生命力的互动是基于类似兴趣而产生的“群”效应。人们需要开会讨论，需要“头脑风暴”，需要用别人的观点激发自己的思考，让“臭味相投”的人相遇，他们自然会相互吸引，用户黏性也会越来越强，豆瓣正是这样一个带有原创精神的中国web2.0实验。

豆瓣的独特和快速成长得到了不少网站的重视，其中天涯论坛——中国最大的BBS认为豆瓣是强大的竞争对手。豆瓣简洁的界面风格、以推荐为中心的应用被其他网站拷贝。但是，这并不代表豆瓣总是对的。从“用户黏性”的角度来看，豆瓣还有很多要完善的地方。

第四条军规：以独特的社区管理规则鼓励更多用户创造

豆瓣的评论、小组话题、日记、相册、推荐都可以被其他读者回应，把这些回应更新传递给原创者。当一篇评论获得的“推荐”次数越多，作者就能得到荣誉，这种荣誉还可以分级别、成阶梯状“升级”。类似于QQ中的黄钻、淘宝上的星星，为了获得更高评级，用户会踊跃地提供内容。类似的规则还可以用于惩罚发广告帖的ID。

立刻行动：十个案例测试你对“客户忠诚”的理解

完成下面十道选择题，并写下你能想到的其他建议来增强用户黏性。

（一）星巴克

访问一下“星巴客”建立的网站：http：//mystarbucksidea.force.com。感受一下这个网站期望用户提出建议并请其他用户对建议投票的做法。已经被采纳的建议包括用专门的“防溅小棒”堵住外卖咖啡上的小孔，这样无论放在车里还是拿在手上，都不会被溅出来的热咖啡烫到了。这个建议获得了很多客户的投票。

1. 你认为这一改进的出发点是什么

A. 满足客户的基本需求

B. 满足客户的高层需求

C. 满足客户的最高需求

D. 不满足客户的需求

我的选择为：D

我的理由：这不过就是“用户反馈”的网络版而已，虽然增加了客户之间的互动（投票），但主要是为厂家服务，不是为客户服务的。这是典型的厂商以“自我中心”思维的体现。

2. 你认为这种做法是否可以增强用户黏性

A. 肯定可以

B. 未必可以

C. 肯定不能

我的选择为：B

我的理由：有多少客户会关心自己为厂家提的建议得到了高票还是低票呢？这种热情又能持续多久呢？

3. 你认为还可以做什么增强用户黏性

提示：starbucks 在很多地方建立分店，客户在异地看到自己熟悉的店招时会产生“情感认同”，为了满足这一“高层需求”，可以在“用户社区”中发起“你到过的星巴克”摄影比赛；在不同的商店里提供专属的“星巴克城市马克杯”并鼓励收集。在线社区可让不同城市的星巴克发烧友互相“代购”。

（二）招商银行

招商银行是第一个面向大学生发放“信用卡”的银行。之后面向大学生的“信用卡”越来越多，现在几乎所有的银行都推出了面向大学生的“信用卡”。招商银行认为这样可以在早期就培养“未来的优质客户”对银行的认同，便于培养用户忠诚。但当别的银行开始追随的时候，未来的“客户忠诚”竞争提前到来了。

1. 你认为这一改进的出发点是什么

A. 满足客户的基本需求

B. 满足客户的高层需求

C. 满足客户的最高需求

D. 不满足客户需求

我的选择：D

我的理由：如果说信用卡要实现的是“借款消费”需求，那么它的目标客户也应该是有能力的还款者。大学生尚无固定收入来源，借款消费尚属“未来的需求”，在当前并不成立。

2. 你认为这种做法是否可以增强用户黏性

A. 肯定可以

B. 未必可以

C. 肯定不能

我的选择：C

我的理由：如果没有其他银行的竞争，这种做法可以增强用户黏性。但是当所有银行都推出类似的“学生卡”的时候，这种“黏性”就被平分了，也就起不到增强客户忠诚的效果。

3. 你认为还可以做什么增强用户黏性

提示：大学期间是很多人首次学习理财的时期。虽然大学生无法凭自己的信用“借款消费”，但他们还是需要培养理财经验的，在积累过程中完全可以增强“情感认同”。如果面向大学生发放借记卡，并随卡开通理财社区账号，鼓励大学生把自己的月消费记录下来，并可选择是否公开记录，可以有效增强“用户黏性”。

（三）“预付卡”

你是否也办过“预付卡”？

在美容、美发、干洗、餐饮、休闲娱乐等行业，往往要求客户预先存款，并根据预存款的多少对客户给予消费折扣。很多商家喜欢这种“预存卡”的方式，因为可以解决企业的流动资金问题，也能锁定客户的“未来消费”，使他们“不得不”忠诚。但由于“预付卡”在操作时，常常面临余额不能退还等问题而纠纷不断。

1. 你认为这一改进的出发点是什么

A. 满足客户的基本需求

B. 满足客户的高层需求

C. 满足客户的最高需求

D. 不满足客户需求

我的选择：D

我的理由：预付卡利用了客户希望折扣的心理，“强迫”用户以预支未来消费的方式购买大于目前需求的产品、服务。这不是从客户的角度所做的改进。

2. 你认为这种做法是否可以增强用户黏性

A. 肯定可以

B. 未必可以

C. 肯定不能

我的选择：A

我的理由：被折扣吸引，必然要预支未来消费。因为已付款，用户必须“忠诚”。只有商家不顾客户卷款逃跑的风险，不怕客户不来消费余额，用客户的话说，这叫“上了套了”。

3. 你认为还可以做什么增强用户黏性

提示：根据已经发生的消费额换算为“点数”，通过点数的积累获得更多优惠是相对公平合理的做法，也能提升“用户黏性”。“预付卡”优惠，多次上套的客户肯定会说不。

（四）中国移动

中国移动为了增强用户黏性，规定如果一项套餐没有用到规定的时间而退出，用户需要缴纳“罚金”，类似的做法还有当你要把所有资金从一家银行转出的时候，必须缴纳一定比例的“退出费”。

1. 你认为这一改进的出发点是什么

A. 满足客户的基本需求

B. 满足客户的高层需求

C. 满足客户的最高需求

D. 不满足客户需求

我的选择：D

我的理由：所有被消费者称为“霸王条款”的不公平协议，都是利用供应方的垄断权力强迫客户付钱。这些条款都无视客户的“主动选择权”，所谓交易，不过是“强制纳税”的翻版。

2. 你认为这种做法是否可以增强用户黏性

A. 肯定可以

B. 未必可以

C. 肯定不能

我的选择：A

我的理由：在消费者没有更多选择，新的供应商不能打破垄断的时候，“惩罚性”条款是对“客户流失”的单方面阻止。一旦垄断被打破，这些条款都会失效。

3. 你认为还可以做什么增强用户黏性

提示：skype、twitter（推特）和 paypal 就不敢对流失客户收取“惩罚金”。它们知道，这么做只会加深买卖双方的矛盾，其本质不是增强用户黏性，而是一种胁迫。有垄断的地方一定有被压制的需求，新技术、新方法都是看到了这些需求的潜力而诞生的。

（五）优惠券

“买一百返三十”之类的优惠券是商家常用的营销手段。这不仅比直接打折便宜，而且“限期使用”，满足指定规则的优惠也锁定了客户的选择，为了拿到优惠，他们甘愿一次次返回、重复消费。

1. 你认为这一改进的出发点是什么

A. 满足客户的基本需求

B. 满足客户的高层需求

C. 满足客户的最高需求

D. 不满足客户需求

我的选择：A

我的理由：优惠总是可以打动客户的。但优惠也只是在能满足“基本需求”的前提下才起作用，如果竞争者提供的是可以满足高层需求的“升级替代品”，价格优惠就不够用了。

2. 你认为这种做法是否可以增强用户黏性

A. 肯定可以

B. 未必可以

C. 肯定不能

我的选择：B

我的理由：被优惠打动的客户通常是没有“认同基础”的。如果优惠的幅度不大，或者竞争者推出了类似的返券优惠，他们就会毫不犹豫地转向让利幅度最大的一家。结果形成行业内的新一轮利润挤压。

3. 你认为还可以做什么增强用户黏性

提示：商场外自发出现的“倒券黄牛”更好地阐释了“优惠券”的实际价值。优惠券兑换成现金的时候总要按面值打个折扣，这个折扣反映的是客户对这种优惠的真正评估。更好的方式是培养客户忠诚，而不是总在价格上绕圈子。

小结：以上五个案例是我们常见的增强“客户忠诚”的手段，它们或多或少都体现出厂家的“自我中心”的思维方式。他们认为：规则由我制定，客户不过是跟着胡萝卜跑的兔子。所以他们抛出了各种胡萝卜。在下面的五个案例中我们将看到的是让客户自我展现才能所激发出的创造力，厂家往往在给客户展现才能的“舞台”之后，作为平台的支撑者收获“用户黏性”。

（六）浏览器菜单

一些网站针对浏览器开发“收藏”或“推荐”按钮，用户可以轻易地把它拖拽到浏览器的功能菜单里，下次再进行收藏或推荐的时候变得更简单了。客户会逐渐习惯这样的“个性化”浏览器菜单的。

1. 你认为这一改进的出发点是什么

A. 满足客户的基本需求

B. 满足客户的高层需求

C. 满足客户的最高需求

D. 不满足客户需求

我的选择：A

我的理由：易用性总是受客户欢迎的。但是越“易用”，就越加强了工具化的倾向。好用的工具不一定会让你骄傲，它们只是好用。

2. 你认为这种做法是否可以增强用户黏性

A. 肯定可以

B. 未必可以

C. 肯定不能

我的选择：A

我的理由：习惯了“个性化”浏览器菜单的用户会增大对某个站点的访问频率。

3. 你认为还可以做什么增强用户黏性

提示：保留这些好用的“按钮”，并设立社区规则鼓励用户收藏或推荐，用户越活跃能够享受的站点内资源就越高。有了这种规则的激励，好用的工具才会成为“我的社区”中的一部分，而不仅仅是工具而已。

（七）影视载体消除界限

漫画、小说、电视剧、电影……这些本来都是独立的影视载体。但现在，它们之间的界限被打破了。你可以先发“小说版”或“漫画版”，在获得了读者的认可之后将它拍成电视剧。电视剧按集播出方式是一个典型的“连续传播”过程，这个过程可以大大扩张“粉丝团”，在“粉丝”数量聚集到一定程度后再推出电影版。每个载体的发行都能获利。

1. 你认为这一改进的出发点是什么

A. 满足客户的基本需求

B. 满足客户的高层需求

C. 满足客户的最高需求

D. 不满足客户需求

我的选择：B

我的理由：“名著改编”或“翻拍”，不仅仅是对原作的肯定，也是对早期追随者的肯定，在“大众”还没有意识到故事的动人之处的时候，“骨灰级”粉丝已经开始关注并参与口碑传播，因此每一次改编，都是对他们的“情感认同”的加深。

2. 你认为这种做法是否可以增强用户黏性

A. 肯定可以

B. 未必可以

C. 肯定不能

我的选择：A

我的理由：当一个故事真正打动观众的时候，他是不介意在各种场合看到多个版本的，相反，他们会有强烈的参与感。例如他们对角色的选择、情节的发展都有“参与”愿望，这是“黏性”增强的表现。

3. 你认为还可以做什么来增强用户黏性

提示：越来越多的小说、漫画、影视作品开始有了自己的网络社区，这些社区让“骨灰级”粉丝有机会参与“创作”，让他们不仅感受到有“共鸣”，甚至可以改动结局。基于“故事原型”而制作的在线游戏也可以达到这一效果，另一方法是让观众在多个可能的结局中投票并按照最高票拍摄新结局。

（八）卡拉OK

日本人井上大佑发明“卡拉OK”机以来，“卡拉OK”这种由普通人上台表演的“对嘴”演唱大行其道，其风靡程度超出了任何人的想象。现在，词曲创作者和演唱者在演绎新曲目的时候都要考虑跟唱、传唱的难度。“我爱记歌词”、“超级女声”之类的电视节目也获得了不俗的收视率。毫不夸张地说，如果没有卡拉OK，流行歌曲的发展历史将被改写。卡拉OK也创造了一个新行业，受益人包括卡拉OK机制造商、唱片公司、词曲作者、通讯厂商……

1. 你认为这一改进的出发点是什么

A. 满足客户的基本需求

B. 满足客户的高层需求

C. 满足客户的最高需求

D. 不满足客户需求

我的选择：C

我的理由：卡拉 OK 的风行是一个例子，证明客户的能动性可以强到什么程度。卡拉 OK 的基本形式是一人唱、多人听，演唱者不是专业演员，不能收门票，否则就是开演唱会。这种形式说明演唱者是在卡拉 OK 的形式中获得了自我认同感和满足感，是最高的需求。

2. 你认为这种做法是否可以增强用户黏性

A. 肯定可以

B. 未必可以

C. 肯定不能

我的选择：A

我的理由：热爱卡拉 OK 的“业余者”通常是流行音乐的超级粉丝。从喜欢某歌手到模仿演唱，这种小范围的、以熟人为观众的模仿行为也能大大加强用户黏性。

3. 你认为还可以做什么增强用户黏性

提示：“卡拉 OK”现象在其他领域也正在发生，DV、flash、即时摄影……都可算作是不同形式的“卡拉 OK”，但还没有一种比“卡拉 OK”更普及、更有影响力。在“卡拉 OK”中出现的一些做法，如给演唱者评分、公布点播最高的曲目榜单、为演唱者灌录磁带和电视台合作的选秀节目……这些策略让消费者获得了更强的“参与”激励。

（九）cosplay

即由真人按照动漫里的人物服装和造型进行装扮。在人群中，这种装扮立刻会引来同样熟悉这些动漫"同好"们的阵阵惊呼，引发狂潮。现在，几乎所有的"动漫节"上都会有cosplay比赛。cosplay也从模仿纯漫画人物扩展到影视角色、明星的招牌装束等等。

1. 你认为这一改进的出发点是什么

A. 满足客户的基本需求

B. 满足客户的高层需求

C. 满足客户的最高需求

D. 不满足客户需求

我的选择：B

我的理由：当你购买你喜欢的明星所代言的服装时，你就在进行一场cosplay，夸张的cosplay不过是把这种模仿和从中获得的感情投射更鲜明地表达了出来。

2. 你认为这种做法是否可以增强用户黏性

A. 肯定可以

B. 未必可以

C. 肯定不能

我的选择：A

我的理由：除了被动地喜欢某个漫画角色，能够自己动手做一件道具服装并有勇气上街"展览"的影迷，无疑是深度的漫画粉丝。通过cosplay比赛，爱好者之间的竞争又为这种狂热推波助澜。

3. 你认为还可以做什么来增强用户黏性

提示：越来越多的游戏玩家开始不满足于虚拟世界，通过cosplay等方式实现虚拟世界的现实化。各地涌现出的真人CS俱乐部就是实例。这种真幻交织的体验让玩家欲罢不能，将游戏推向了新的

“体验高度”。

（十）facebook

2007年，facebook开放开发平台，任何开发者都可以与facebook实现接口，让这个全美最大的社区网站的上亿用户可以接触到自己的应用，在此激励下，开发者的热情有增无减。facebook也为用户提供了更多的线上应用。

1. 你认为这一改进的出发点是什么

A. 满足客户的基本需求

B. 满足客户的高层需求

C. 满足客户的最高需求

D. 不满足客户需求

我的选择：C

我的理由：对于开发者来说，能够让1亿的用户使用自己开发的产品就是最大的激励，是否能从中获益还在其次。facebook正是为他们提供了“自我价值实现”的平台而获得了大量的免费研发人员。

2. 你认为这种做法是否可以增强用户黏性

A. 肯定可以

B. 未必可以

C. 肯定不能

我的选择：B

我的理由：对于用户来说，突然在一个界面上看到若干应用，它们之间没有太多关联，也未必“对我有益”，不一定会增强黏性，用户对过于眼花缭乱的选择一向是退避三舍的。开放平台是否能够自然成长还有待检验。

3. 你认为还可以做什么来增强用户黏性

提示：除了把开发平台开放出来，facebook还需要制定平台的规则，比如知道用户更喜欢哪一类的应用，避免让用户感觉 facebook 成了“社交网络”上的大杂烩，开放平台永远不是自发成长的，它需要规则才能成长。

本章小结

本章首先讨论了“客户忠诚”的概念并不是静止的，不加努力就能维持的。因为竞争的存在，因为新技术的出现，最重要的是因为客户的需求从基础到高级的变化，要求供应商能够敏锐地探知到这种改变，才能保持“用户黏性”，否则用户行为一定会发生改变，这种改变往往被“产品生命周期”理论解释为产品升级的需求。实际上，这是由用户需求的变动而触发的。目前我们知道最能够“黏住”用户的方式是激发出客户的“自我价值实现”的诉求，这种诉求不是供应商可以一手炮制的，供应商必须适应从主导产品转向建设社区的角色，才能真正地获得用户忠诚。

[转变7]

从“集权管理”到“分散活动”

要构建最有活力的企业，你需要什么样的人和你配合？你如何才能将个人创造力和灵活性凝聚为团队实力？你怎样和有着同样信条的组织竞争呢？

第 26 节　他们是谁

没有人比客户自己更明白自己的需求，越来越多的企业创新不是来自于供应方，而是来自于客户。

一　明天的企业的组织形态

到现在为止，我们都没有讨论企业的内部管理。过去，关于企业内部的授权体系、职责分工、奖惩措施、规章制度、企业文化、员工激励、组织变革等各个方面的论述汗牛充栋。

但是，在明天的公司中，企业内部会被缩减到最小单位，企业员工的数量也会大大减少。这不是说随着企业的“微型化”变成潮流，组织变得不重要了，而是说组织将变得更灵活，更需要技巧和信念。如果你的目标是控制的话，这是坏消息，因为明天的企业将难受控于某个核心人物；如果你的目标是创造的话，这是好消息，明天的企业中人均利润将达到前所未见的高值。

让我们从问题开始描述明天的企业的组织形态：要构建最有活力的企业，你需要什么样的人和你配合？你如何才能让那些充满奇思妙想的“活跃分子”成为你的供应商、代理商、外包方、核心客户……你如何才能将个人创造力和灵活性凝聚为团队实力？你怎样和有着同样信条的组织竞争？或者，先回答这个问题——你如何才能在人群中找到你的“同好”？

Jack 早上十点的时候通常都没有起床，他的工作时间是从中午十二点到深夜两点。他是一名独立程序员，他经常更新自己在“项目外包网”上中文、日文和英文的简历，也经常参加独立投标，如果中标，他就得到一个外包项目，最短的一天就可以完成，最长的一次他做了半年。有时他会在 MSN 上同他的大学室友聊天。室友现在在微软工作，他很惊讶 Jack 拿到的外包项目中甚至还有来自微软的，而且收入不菲。

三十六岁的王太太刚刚被选为台湾雅芳的“代言人”之一。在没有生孩子之前，她是一个大企业的小会计，和 CEO 之间隔着十九个工资等级。自从怀孕以后，她辞职加入了“雅芳大家庭”。在电视访谈中，她说“收入的提升是一方面，最开心的当然是可以自由安排时间。谁说女人就一定要在家庭和工作之间选择?”她的很多客户甚至就是女儿音乐课上同学的家长。

汪洋是一名高中生，和其他十六岁的高中生一样，他喜欢放假、游戏、厌恶考试。如果你看见他，大概想不到他是“暴雪”游戏的“骨灰级”玩家。最近他刚刚被一家游戏公司吸收为“外聘测试员”。他向疑惑的母亲解释：“他们付钱让我打游戏。”

李大妈早上七点会准时出现在晨练的公园。如果你这时候遇到她，她会告诉你她的坐骨神经痛经过推拿治疗以后已经好多了，这时她就是一个普通的老人。回到家以后，她利用“网上银行”，开始买卖基金，她的最高记录是三个月内净赚五万。

这些人，即使穿上统一的工作服，戴上有某某公司 Logo 的标牌，看起来也不像一支整齐的“队伍”。而且，根本不要考虑你能够把他们聚集起来，早上九点到位于市中心的某个办公室里打卡。他们不是这样的人，他们不会被你熟悉的方式——那种金字塔型的层级机构组织起来，如果你一定要把他们塞进“销售代表”“客户经理”“开发人员”的队伍中，他们的活力和创造力也就消失了。

想想你自己是如何被一个想法激励的，如何为自己的“尝鲜”投入时间、金钱和热情的，想想你在这一过程中最希望获得哪一方面的帮助？把你自己当作“同类人群”中的一个，而不是比买家更精明的“卖家”，这是你沿着正确的方向踏出的第一步。

二　明天的组织有着共同的兴趣爱好

没有人比客户自己更明白自己的需求，越来越多的企业创新不是来自于供应方，而是来自于客户。团购组织者、初次养育孩子的父母、美剧字幕组、热衷研发的程序员、音乐发烧友、书迷……这些“创业者”和他们所服务的客户有着“兴趣交集”，很多时候他们根本就没有分别，不过某些人选择了为自己和大家提供更方便的服务平台。这些人有着大批的分享类似梦想的“同行者”，也最了解实现梦想的困难。现在，你需要把这些与你有着共同兴趣的“同行者”组织起来。如何做到这一点？

可能你想到的是，既然大家都是“兴趣爱好者”，就不应该有明显的“层级结构”。在“新组织”中，每个人都是独立的、平等的，上下级关系只在解决问题、需要形成“短期团队”的时候才有必要维持，随着任务的结束就解散。平等同时还意味着“开放”的心态，所有新加入和退出的成员都值得尊重，如果他没有做出有违组织的整体利益的行为，就不能把他拒之门外。

以平等、开放为特点的“新组织”呈现出和过去依靠层级结构建筑起来的“金字塔”组织不同的形态。比如，不存在一个控制全体的“中枢”。既然人们都是自我激励的，就不会再有专门行使“监督”和惩罚权力的分工。没有监督，就不会有监视大家工作的

“老大哥”，那种随时需要知道组织成员是多少人、分成几个小团体、分别在做什么、做得是否正确的“中枢”也不必存在。

组织的运行依靠的是全体组织成员都认同的“公理”，和过去依靠上级的首肯决定下属的做法是否正确不同，组织中的独立成员都将行使监督职能，防止出现违背“公理”的行为。在出现纠纷的时候，最可能被接受的调解方式是采用民主协商沟通的方法。

这些民主化的组织将惠及每个成员，而不是像过去的金字塔型组织那样，将组织的成果向有着更高权力的一方倾斜。当成员为组织做出贡献的时候，其他的成员能够很快地发现并给予正面反馈，这种正面反馈也会成为这个成员继续贡献的动力。当某些特别杰出的成员获得大家的信任之后，他会担任组织中的“师长”，他会依靠过去的贡献积累而获得更高的关注，依靠别人的评价成为“意见领袖”，依靠被关注、被信赖而得到比“新人”更多的资源。

关联案例：维基百科——不只是在线百科全书

当人们对知识的渴求越来越强烈的时候，当社会不只关注物质财富的时候，总有一个念头会浮现：编写一部“万书之书”，可以在这一本书里查到所有的知识。这就是“百科辞典”的概念。也因为要包罗万象，历史上出现过的百科辞典都是名副其实的“巨著”，编撰人数、耗费时间、字数、条目数量等任何用以衡量书的标杆上都名列第一，以至于中国的《康熙辞典》必须由皇帝下令编写。

无论是《大不列颠百科全书》，还是《康熙辞典》，要编撰这样的“万书之书”，以我们最熟悉的组织方式来完成，都是一个耗时耗力的过程：首先甄选出各学科的专家，按照权威理论分列词条，然后由“知识精英”分别撰写，另选德高望重的编辑进行修订，这一过程十分漫长，而担任这种任务的“知识精英”也很疲惫。而且巨著完成之后，每一次的修订也同样任务繁重。

“百科全书”的组织难题是今天我们的企业面临的困境的一个缩影。如果把编撰“百科全书”当作一项任务的话，以“金字塔”的组织方式：也就是由一个最高权力者确定任务目标，然后逐层分解目标，再用足够多的员工，每个员工领取一部分“小任务”去分别完成，再由中层经理审核确定每个小任务的完成情况和质量，最后合并为总体解决方案：这种方法并不完美，它只是最常见的、使用得最熟练的方法，以至于我们长期以来对它的巨大缺陷视而不见。

从 2001 年开始，一种新的百科全书，维基百科（http：//www. wikipedia. org）在网络上诞生了。仅仅三年，维基百科已经采用 50 种语言，总条目数达到 50 万。而《康熙辞典》一共只有不到五万的词条，用了两倍于此的时间。除了这种明显的效率差异，维基百科还有更多让人瞠目的地方。

维基百科是完全开放的

在作者群方面，虽然《大不列颠百科全书》有 4000 多名学者编撰，人数众多，但这仍然是一个有着“封闭边界”的组织。而维基百科的作者却是无法统计的，因为它的作者群随时都在变动。任何人都可以编写维基百科，他创建的页面也会被其他人改编。这种“开放型组织”决定了其“作品”也不会有“截稿时间”，而是处于被更新的状态。

无边界的组织创作出无边界的作品。维基百科收录的词条超过历史上任何一个成型的百科全书，并将百科全书真正扩展到了没有终点的“无限”，这是不是比过去任何一本“万书之书”更接近创作的初衷呢？在读者方面，维基百科放弃版权，让读者可以免费下载、免费试用。维基百科最重要的基因就是“开放”。

维基词条之间的链接非常丰富

如果你在维基百科上搜索SARS，你还可以查看到与这个词条相关的超过500条的链接，这些链接导向如果子狸、肺炎、呼吸机、钟南山等相关词条。如果要在传统的百科全书中再加上“相关链接”的部分，即使有皇帝的命令，也会让编撰者认为“不可实现”。人为分割的词条证明的不仅仅是某个编撰者必然要碰到的知识边界，也是那种“总任务分解为分任务，完成后再组合”的组织方式必然带来的后果之一。

按照过去的组织方式，要在词条之间加上关联，必须在金字塔内部增加四通八达的“点对点”通道，并要求每个编撰者随时保持和其他同事沟通，这比单纯地编写一个词条所耗费的成本高出许多。在互联网上诞生的维基百科，利用程序解决了这一问题。事实上，从人类掌握知识的特点来看，横向关联、平等讨论一直都是最适合了解和学习的方法。

相信众人的智慧而不是“权威”

任何一个开放型组织都要面临如何保持组织在长大的同时，不偏离其核心价值的问题。维基也是一样，维基的开放性也意味着页面随时可能被恶意攻击、破坏或更改，例如在“纳粹”页面的更改历史中，就能发现有一个叫“国家社会主义”的组织企图给纳粹主义正名，但是很快就被发现并改正。事实上，大多数的维基百科词条上的错误都会在几分钟内被纠正。

这种“纠正”和“反纠正”会引发“编辑大战”：人们不停地删除别人的贡献。由于编辑们无法对某个词条的内容达成统一意见，而引发无休止的争论屡见不鲜。维基百科的创始人之一吉米·威尔士这样解释维基百科没有采用“科层制”来制止争端的做法（最常见的“科层制”就是创建“超级用户”，赋予他可以删除别人并让他人噤声的权力），“维基百科的信条之一就是信任他人，有些站点设置了大量的规则来防止一些不良举动，”威尔士说，“但同时有益的举动也被阻止了。”

维基百科反而鼓励了人们通过民意表决的方式来解决争论，虽然过程会出现混乱，但结果却比依靠“超级用户”的一己判断要好得多。维基百科为了保证“民主”，还制定了“透明”规则，即保留那些争论的历史，供人们随时翻阅。“当你建设一个社交网络的时候，你实际上是在要求人们用你提供的工具建设一个社区，”威尔士说道，“如果你的网站管理有很多台面下的规则，人们会感到不舒服，这是一个信任的问题。”正是因为用户能够看到网站内部的工作过程，比如修改或删除，维基百科才成为互联网上最值得信赖的品牌。

分散而即时的模式

虽然已经有很多总结“维基模式”的文章，我选择的是在讨论的时候获得最高票数的三个词：开放、关联和民主。

如果一个组织的基因当中真的能蕴含这三点，传统的、封闭的“金字塔”组织就会变得越来越扁平，取而代之的是没有边界的、平等的网状组织。维基百科早已证明这种网状组织有着过去常见的“金字塔”组织无法比拟的优势，但这不是说维基百科只能局限于“众人编辞典”这一小领域中。

维基百科的意义，并非在于它的20多万用户、上百种语言的平台，以及超过7800万个词条和每日新增的7000多篇文章；也并非在于它是全球最受欢迎的网站之一，浏览频率超过任何一家权威的新闻站点。最重要的是它缔造了世界上最庞大的分散、即时的合作模式，并用它集成了来自网络上的各种智慧。值得注意的是这种“分散而即时”的模式，在很大程度上改变了当下社会的商业环境。

IBM和宝洁等大型公司也开始以“维基化”的方式重新构建信息的传播方式。在IBM，一种“维基式”的“创新风暴激荡”形式，成了IBM重大创新决策的主要来源。

几乎在维基百科开始为人们所熟知的同时，2003年7月，IBM内部发起了一次空前的实验——全体员工在内部互联网上进行了关于IBM价值观为期三天的大讨论：这场风暴席卷了包括CEO彭明盛在内的5万名员工，产生了9300个点子，最终的结果是，这场打通一切层级与部门的大讨论提出了191个不同的建议和创意，其中，竟有35个建议在内部达成一致。它明确了IBM的价值观，包括以企业咨询服务为新兴业务的战略走向，这场空前的讨论改变了IBM诞生商业创意的方式并形成惯例。在IBM“创新讨论”的内部平台上，平均每10秒就有一个新想法诞生！

这种商业模式与维基百科有异曲同工之处。在“驾驭群体智慧”的方式上，IBM为避免讨论杂乱无章甚至失控，组织者规定，内部的讨论内容必须与设定的话题有关，且建立在尚未实现、具体而非感性的基础上。不同的主题以及相关的子主题，都会有“联合负责人”负责监督和管理——他们的存在并非指责众人的讨论成果，而是确保讨论方向不致偏离话题的轨道，这与维基百科管理员的职能颇为相似。

虽然IBM的“创新讨论”轻易就穿透了过去的“科层体系”下

的官僚化分割，但它仍然是有边界的——它被局限在一个“金字塔”组织的内部，更像是为了打破一个庞大的企业樊笼而采取的补充手段，对于另一个社团 InnoCentive 来说，它更开放。InnoCentive 是个拥有 12 万科学家注册的出色的新型网上社团，它集成了全球顶尖的科学家的智慧。任何一家遇到研发困难、心态足够开放的公司，都可将面临的研发困难公开，接受来自 10 多万聪明绝顶的科学家的建议。

宝洁就是一家“足够聪明”的公司，要知道，这家全球消费品的翘楚拥有全球范围内 7900 名研发精英，但其产品创意仍然有 50% 跨越了公司的高墙樊篱。比如，在 InnoCentive 上“采购”新的创意：在高露洁牙膏寻求更快、更方便将牙膏挤入牙膏条的技术中，研发人员苦无良策，宝洁公司将产品规格公开到 InnoCentive 之后，一位加拿大工程师不久后贡献了在氟化物粉末前导入正电的创意，问题随即得到解决，这位加拿大工程师也轻松赚了 25000 美元。

宝洁内部研究发现，每一位研发人员都有能力在公司的围墙之外找到 200 位相同素质的人才。通过公开产品信息、与外界研发人员合作，宝洁在全世界可用的人才达 1000 余万！这样庞大的人才资源是全球任何一家公司迄今为止无法企及的。

IBM 和宝洁的“维基化实验”不过是一个开始，在发现了“围墙”之外的网络海洋后，更多的公司将打破组织高墙，甩开原来的固定人员、固定成本，真正地融入到无界的网状组织中，这不仅是威尔士预见的未来，也是当下正在发生的改变。

第27节　分权，而不是集权

网络组织和“金字塔”组织最大的差别在于：“权力”的来源不是从上至下的，而是从下至上的。这说明了两者之间为什么会出现种种不同。

一　集权型企业组织

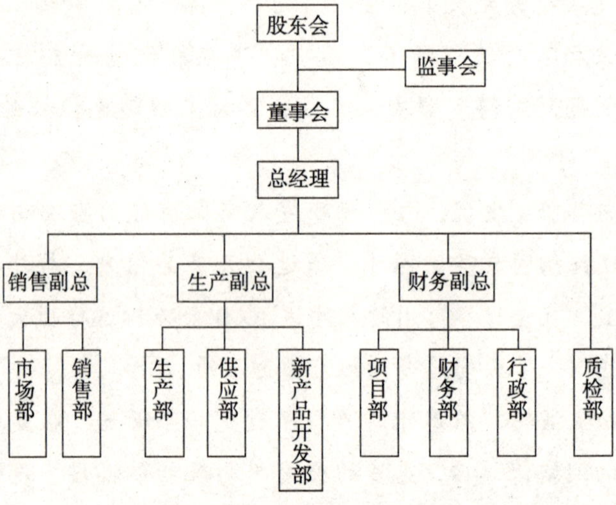

图8－1　集权型的企业组织示意图

从这张示意图（图8－1）来看，可以知道这是一个权力由上至下分配的“金字塔”组织，这也是我们最常见的人类组织的形态，由德国人马克斯·韦伯在上个世纪初提出。它的优点是稳定性强、容易控制，可以快速地执行“最高领导人”的决策。在这种组织中，往往通过任务分解之后再组合、责任明晰。

但它的缺点也显而易见。这种“金字塔”组织结构无法从根本上摆脱部门主义和官僚主义，每当金字塔要增加基座的时候，它的效率就会降低。要以“金字塔”组织方式完成“维基百科”已经做到的，需要在组织的内部耗费大量的精力，甚至变得不可能。

仔细考虑一下造成这种结果的原因，你可能会发现：在“金字塔”组织的内部，信息适合沿着“上下级”关系线传递，难于横向传递。当你希望在“百科全书”的各词条之间增加链接的时候，就等于要求本来已经被授权分工来撰写不同学科的各“部门”，要随时保持横向沟通，而这种横向沟通因为缺乏“上下沟通”的权力关系，很快就会陷入不被重视、形同虚设的境地。

这种组织稳定性强，从另一个角度反映的是它的静态。它力图在变化的环境中以一成不变的方式解决所有问题，我们看不到在什么条件下组织机构会发生改变，似乎连它的人员构成都是固定的。如果要改变，只有一种可能：“最高领导人”意识到了改变的重要性，然后挥动权力之棒，否则整个组织都不会即时应变。久而久之，组织的内部人员缺乏主动性，“不怕不做事，就怕做错事。”同时，应对外界环境的所有压力都集中在最高领导人身上。

这种组织不是任务驱动的，它是权力驱动的，如果没有人从上到下地“压任务”的话，组织中的各个成员都只会按部就班（因为这样最不容易出错），没有追求创新的内在激励。即使一项任务，例如新产品的上市，需要市场、销售、开发、生产、项目人员的通力合作，他们也没有合作的动力，因为不知道完成了任务，功劳会算在哪个部门，因而常常出现任务压在哪个部门、哪个部门才着急的情况。这些问题在“维基百科”的网络志愿者团队中从未发生过。

二 分权型企业组织

从成果来看，“维基组织”避免了“金字塔”组织经常出现的：(1) 缺乏横向沟通；(2) 静态应对变化；(3) 非任务驱动的三大难题。“维基组织”不是“金字塔”组织，如果给维基组织画一个示意图（图8－2），最有可能的形态是这样的。

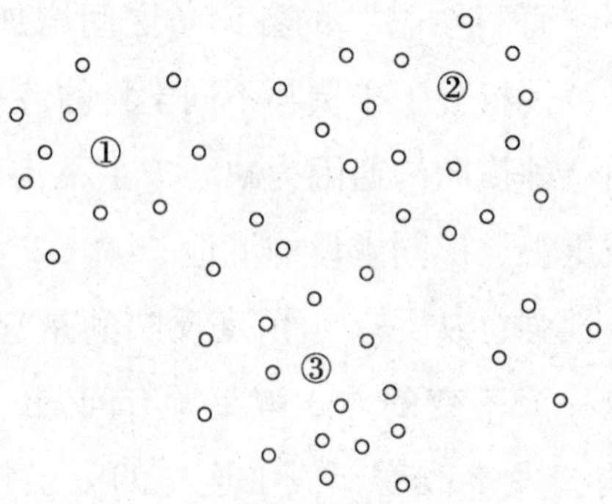

图**8－2**　分权型组织示意图

你可以把它看成是一个大组织中被截取并放大了的“一小部分”，而且，这个部分还在不断变化中。它的形态非常接近于生物体的“神经元”，因此它也被称为“网络神经元组织”，将图中的点与点相连，我们就获得了一个真正的“网络”。图中比较粗壮的节点表示在“圈子”中受人尊重的“师长”或者“南坦”。

南坦的名字取自于《海星与蜘蛛》中描述海星模式所采用的一个例子。阿帕奇人，印第安人中的一个分支。他们采用分权体系，称自己部落的临时“领袖”为南坦。作为一个群落的精神与文化的领头人，南坦通过示范来领导，本身没有强制权力。历史上最著名的南坦之一是格罗尼默，他率领自己的族人反抗侵略自己家园的美国军队长达数十年。每次发起战斗的时候，格罗尼默都身先士卒，周围的人只是出于信任而不是命令，自己选择是否与他一起战斗。当一个南坦消失之后，组织会自发地产生一个新的南坦。通常他们的影响力比普通人大。

在“南坦”的周围聚集着和他关系密切的个体。对维基志愿者来说，①是一位生物学家，②是一位音乐人，③是一位经济学者，在他们的周围聚集着和他们兴趣相同的“同好”。如果你的兴趣是研讨生物的进化，你可能在更新、编辑“始祖鸟”页面的时候与①讨论；如果你是一位爵士乐爱好者，你可能更靠近②；如果你是一位喜爱爵士乐的经济学研究生，你很可能在②和③的中间。在图中，两个点之间的距离表示组织间的两个个体的关系的密切程度，距离越近，他们之间的相互影响就越大。

对“网络组织”来说，所有沟通都是横向的，不存在①②③之上的共同“领导”，他们也不是按照领导的“任务”分配工作的。这个组织中的每个个体都可以和其他个体沟通。如果他们的距离近，只是因为他们的共同兴趣比较多，而不是因为他们在组织中处于直接的“上下级”关系，这个组织是随时变化的，随时有人加入或退出，如果有人提出新的话题聚集起足够多的听众，他也可以成为一位“南坦”，比如图中处于右下角的四个还比较游离的个体，可能下一分钟就会出现一个新“南坦”。

对维基百科来说，每个小“团体”的目标是一致的，就是编撰出一条具有借鉴性、有用的“百科词条”。如果没有这个任务，这些个体也就没有机会展现他们的“共同兴趣”，也就没有机会聚集到一起。也可以说，网络组织天生就是“任务驱动”的，在任务改变或完成之后，组织也就自然解散了。

那些习惯以“金字塔”思维考虑组织的人，很容易将网络组织中的“南坦”和“上级”重合起来。在西班牙军队围剿阿帕奇人的时候，就曾认为：我们不是抓住并杀了一个南坦了吗？怎么斗争还没停止？同样的错误发生在最早被 P2P 社区里免费 MP3 下载搞得晕头转向的唱片界人士，他们气急败坏地要把网络的“CEO”抓来审问，然而被告知互联网上没有 CEO。

要真正理解“网络组织”中的“南坦”和“金字塔”组织中的“上级”的区别，我们需要从以下几个方面来对比。

表 8－1 网络组织中的领导人与金字塔组织中的上级对比

比较项目	网络组织中的“南坦”	金字塔组织中的“上级”
领导地位的确立	由同类人群推举	由更高层领导任命
领导目标	谋求组织的整体利益	完成上级指令
领导方式	以身作则、身先士卒、以德服人	背后指挥、利益诱导、惩罚犯上者
如果一个领导被消灭	会产生新的“南坦”	需要上级重新任命，如果最高领导被消灭，组织解体
是否有统一的组织规则	没有，每个“南坦”独立行动	有，通常还有专门的机构监督是否按照规则行事
服从性	没有，“南坦”不要求其他人必须跟随，每个人按照自己的判断决定是否追随“南坦”	有，下级必须服从上级，否则会受到组织的惩罚
加入与退出组织的决定权	在于每个人，不在“南坦”	在于上级的首肯

从上述比较中我们能看到，**网络组织和“金字塔”组织最大的差别在于：“权力”的来源不是从上至下的，而是从下至上的。**这说明了两者之间为什么会出现种种不同。

可能这正是当新的“分权”性质的网络组织出现时，为什么立刻吸引了那么多身在“金字塔”组织里的“基层”人物的原因。我们在上一节中希望找到的那些人，他们也许还要身兼数职：白天按照上级的指令完成工作，挣到足够的钱付账单；晚上躲在自己的卧室里充分发挥业余精神，成为虚拟社区中的“南坦”。网络世界给了他们能够展现自我、自己做主、决定信任谁、如何做的权力，他们也在这种分权的体系下得到了在集权体系中不能获得的满足感。

第 28 节　网络组织的生与死

对于明天的管理者来说，如何才能建立这样一个“活的”组织？既然我们已经知道，“网络组织”本身是“去中心化”的，权力已经被完全下放，那么管理者在哪里？甚至，当组织已经有了自己的生命，可以改变自己应对变化的时候，它还可以被管理吗？

一　在“合力”作用下达到目标

“蜂群的灵魂”在哪里……它在何处驻留？

早在 1901 年，作家墨利斯·梅特林克就发出了这样的疑问：“这里由谁统治，由谁发布命令，由谁预见未来……”

现在我们已经能确定统治者不是蜂王。当蜂群从蜂巢前面狭小的出口涌出时，蜂王只是“跟随者”，蜂王的女儿负责选择蜂群应在何时何地安顿下来。五、六只无名工蜂在前方侦察，核查可能安置蜂巢的树洞和墙洞。它们回来后，用约定的舞蹈向休息的蜂群报告。在报告中，侦察员的舞蹈越夸张，说明它找到的地点越好。

接着，蜜蜂助手根据舞蹈的夸张程度核查竞选地点，并以加入侦察员旋转舞蹈的方式表示同意。更多跟风者前往占上风的候选地点视察，回来之后再加入看法一致的侦察员的舞蹈，表达自己的选择。

除去侦查员外，极少有蜜蜂会去探查多个地点。蜜蜂看到一条信息："去那儿，那是个好地方。"它们去看过之后回来用舞蹈表达："是的，真是个好地方。"由于重复强调，属意地点的探访者越来越多，于是更多的探访者加入进来。最后，最大的蜂群获胜。

不要担心，我们要讨论的仍然是企业的创新。请重读一遍上面的文字，这是节选于《连线》杂志的主编凯文·凯利在1995年发表的《失控》一书中的一段描写，它的中译本以"群体协作"的方式在"译言网"上已经由多名译者合力完成。

最早也不过是在20世纪80年代，人们才开始思考什么样的组织能够灵活地适应变化，有着不衰竭的创造力和活力，每个成员都乐在其中。其实，在我们身边，这些组织早已存在。只是我们当中最聪明的那些人，很晚才逐渐意识到这个秘密的存在。他们可能专长不同，但有一点相同：他们对混乱、失控、无序、不确定这些貌似负面的消息都有高度的兴趣和洞察力。

他们把这个秘密称为"上帝的管理方式"，制定一些简单的规则，然后让组织自己去演化。和一群蜜蜂如何决定搬家的过程一样，这不是一个"命令—控制"的过程，而是一个由全体参与，在沟通中形成共识，在混乱中产生智慧的复杂过程。这个过程保证了“网络组织”中最重要的那些规则都会被每个参与者自觉遵守，在他们可以自由加入和退出组织的前提下，发挥出每个“节点”的判断力、创造性、监督意识。整个组织也在“合力”作用下达到目标。

在工业时代，我们能创造出钟表，依靠的是像钟表一样的“机械”组织。我们一度认为，这就是管理的全部。当计算机将机械和重复的计算能力迅速提高到前所未有的水平之后，当我们想突破静态，让机器像人一样思考、创造、沟通、有应变能力的时候，我们发现以前的管理规则不适用了。

在这个新世界里，个体集结成群体，群体发生着变异；不存在中心控制，也没有失去方向；混乱是常态，效率却没有降低；每个个体都可以复制自己，扩张起来势不可挡；达到目标的方式是不确定的，没有人能预测下一步；权力高度分散，边界非常模糊；越受打击越顽强……

二　建立“活的”组织

对于明天的管理者来说，如何才能建立这样一个“活的”组织？既然我们已经知道，“网络组织”本身是“去中心化”的，权力已经被完全下放，那么管理者在哪里？甚至，当组织已经有了自己的生命，可以改变自己应对变化的时候，它还可以被管理吗？对于这些值得探索的问题，我们没有“正确”答案。不过我们在已出现的网络组织中发现了一些规律。

在没有互联网，甚至连信息系统都还没有成型的时代，迪伊·霍克有意识地创建了一个“网络组织”并取得了巨大的成功——这就是 VISA，世界上最大的支付系统。

他说：“VISA 的诞生完全是依靠观念、想法和信念的力量。”在信念的鼓舞下，他制定出清晰的让所有成员都感到兴奋的目标——建立一个超越银行的支付系统。其他的“网络组织”可能有着另外的目标，但都是清晰的、明确的。

例如，维基百科的目标是写出客观中立、内容包罗万象的“百科全书”；豆瓣网的目标是“让和你兴趣相投的人为你推荐”；本节开头的蜂群的目标是“找到适合筑巢的地方”。

在目标确立之后，网络组织的初创人开始制定规则，这些规则往往要强调开放、平等和分权等特性。如果是在互联网上制定规则，初创人可以用程序把规则固定下来，并利用计算机忠实地执行这些规则，这大概也是为什么在互联网诞生之后，在自然界中存在已久的网络组织才突然被人们认识的原因的之一，程序员们必须想明白规则是怎样的才能把它写出来。

我们可以把组织的信念和规则对外公布，在吸引到第一个“认同者”的时候，当作组织的第一次扩张。网络组织的扩张更加依赖信任，因为网络组织中的参与者往往比控制型组织更自由，因此参与者与组织之间的“契约关系”就更明显。

参与者一旦感受到组织的规则和目标都是契合自己的，就会产生认同感和参与热情，他们会主动寻找和自己有类似需求的其他“游离分子”，并“以身作则”地展示组织的规则和目标。因此，网络组织的扩张可以非常迅速，因为每个参与者都像是可以复制自己的“细胞体”，他们不断“分裂”“扩张”，“分裂”出的每个新成员都带着同样的基因——对组织的规则和目标的认同。

在这一基础上，每个参与者主动地发挥自己的所长，贡献自己的力量，从整体看来，局面是混乱的，没有中央控制，参与者只需依照自己的直觉，做自己最擅长的事来达到他们的共同目标，这必然给外人一种“混乱不堪”的印象，和你第一次登陆互联网的时候，发现它是没有中心的、没有限制的那种感受一样。

同时，参与者之间的沟通开始了，他们互相报告自己取得的成果，并把遇到的难题拿出来分享，在这个过程中，可能有短暂的“上下级”关系，全部都是为了解决问题，完成任务。一旦任务完成，这种临时的层级关系也就不存在了。有的任务只要参与者能够查询到前人留下的记录，在此基础上完善就可以了。

群体的力量逐渐让组织发生演化，尤其是遇到外界刺激的时候。通常外界的打击会让组织更加分散，他们是天生的“游击队员”。当分享 MP3 的音乐社区遭到起诉的时候，它们分散了储存 MP3 文件的服务器，接着连 P2P 软件代码也变成开源的，没有人对组织负责，而组织仍然存在并给成员提供音乐资源。也有可能，随着组织的成员越来越多，一部分成员有了新的想法，希望调整组织的原则，当新原则可以被其他成员接受的时候，组织就会发生变异。

2008 年 5 月 12 号，中国汶川发生特大地震后，志愿者自发赶到灾区救援，半年之后，救援任务基本完成后，志愿者将目标调整为重建。这种组织可以随着环境的变化来调整。有时候，组织的原则改变只有一部分成员接受，有的脱离了原来的组织，形成了新的组织。在互联网上，几乎每天都会出现原社区成员离开，“集体迁徙”到别的社区的情况。

组织的目标消失或组织原则被更改，而成员无法达成共识，组织就此消亡。和西班牙人斗争了三百年没有投降的阿帕奇人，在美国军队给他们的部落送去几头驴子后迅速瓦解，因为组织对如何处理这些突然多出来的“财产”无法达成一致。“南坦”不再受到信任，组织很快消亡。

还有一种方式可以有效地破坏网络——“病毒”。“病毒”利用网络组织的开放性加入到组织内部，然后专门做和组织目标、原则相反的事，破坏成员对组织的信任，通常病毒都有“伪装”，在有人监督的时候他们不暴露，专门在背后捣乱。少量的“病毒”就可以让组织的成员感到不安全，当不安全感开始蔓延而组织不能有效地打击“病毒”时，组织就会分崩离析。

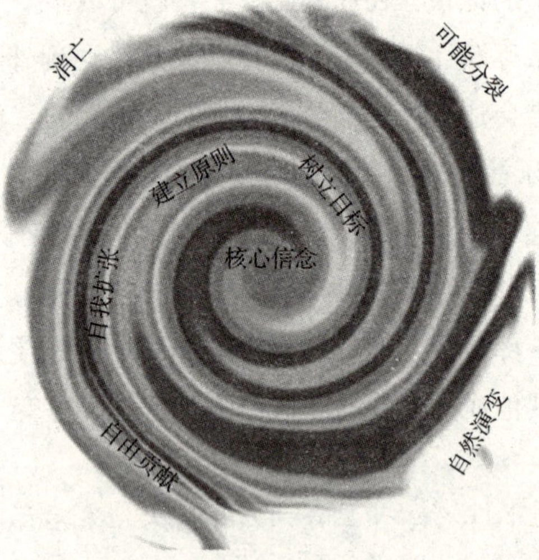

图 **8－3**　网络组织的生与死

上图（图8－3）总结了所描述的网络组织“从生到死”，或者“从生到新生”的过程。它之所以是一个螺旋，因为每个步骤都是从上一个步骤中“衍生”出来的。以上只是现在我们所能观察和总结出的规律，网络组织更多的秘密还等着我们去发现。

立刻行动：你现在就能利用网络组织做的事

还认为网络组织是明天才会出现的“科幻故事”吗？认为网络组织只是小打小闹，不可能改变“命令—控制”占主导地位的现状？认为网络组织虽然有活力，却不能将现有的组织改变成为期望的模式？无论你是有着奇思妙想，但苦于没有施展舞台的个人，还是已经在领导一个小团队的企业家、创业者，现在你就可以利用网络组织做些改变！

（一）如果你是一个创业者或已经在领导一个团队

1. 把你的团队要解决的难题对外发布

设立一些奖金提供给那些愿意提供答案的“外人”，无论是要为一个新产品设计外观，还是通过地质数据判断是否存在矿藏，都可以作为“智力题”的求解而公开悬赏，寻找那些对“智力题”有兴趣的社区发布你的问题，并兑现承诺，你可能会得到惊喜。

2. 提供“特殊服务”

选择一部分社交广泛、有热情的客户，为他们提供把他们的姓名缩写印在热销产品表面的“特殊服务”，并明确告诉他们，如果他们告诉六个以上的其他朋友这个消息，还可以得到额外奖励——比如赠送产品封套。追踪这个计划所能影响的客户人群，如果可能，可以画出他们之间相互影响的路径图，这个路径图很可能会被反复利用。

3. 开放产品的设计、研发、测试的过程

如果上面的尝试效果还不错，可以将产品的设计、研发、测试

的过程由封闭转为开放，比特化产品就可以提供给合作伙伴和客户，并在他们不断地反馈中改变。鼓励你的合作伙伴生产核心产品的衍生品，不需要制定明确的产品发布周期，让产品处于不断的完善中。

（二）如果你是一个大型企业的高层管理人员

1. 在企业内部建立“维基知识库”

任何人都可以就某个问题提供答案，不同的答案提供者可以相互讨论，没有职位高低或所处部门的限制。维基知识库对所有企业员工开放，并在内容相对成熟的时候开放给客户。

2. 将你的集团按照“利润点”拆成“分公司”

它们之间可以共享客户资源，也可以作为“独立实体”寻找集团外的其他客户，缩小规模增强组织的灵活性和创新能力。

3. 建立项目小组

将企业对客户的承诺转变为“项目”，比如承诺要在规定期限内交货的工作，可以建立“追风”项目小组，把项目信息公布在内部网上，允许跨部门的员工自荐“项目组长”和“组员”，根据项目的完成情况和客户的认可来确定给项目组的整体报酬。这种改变可以先从比较小的“项目”开始，看看完成工作的效率和合作方式是否比以前进步，如果测试成功，考虑更大规模的内部组织的灵活重组。

4. 开放你的技术、资源、设计、客户资源或运营平台

考虑一下如何开放你的技术、资源、设计、客户资源或运营平台？如何让更多的合作伙伴加入到你的体系中？如何在开放的“协议标准”上确保合作成果可以被你的企业和合作伙伴共享。

（三）如果你有的是个人才能

1. 做感兴趣的事

如果你的兴趣是音乐，尝试组织或加入一个乐队；如果你的兴趣是体育，参加你所擅长项目的小区联赛并争取获胜；如果你的兴趣是旅游，给自己定下自助游的计划并寻找可以分享旅途经验的同伴……根据你的兴趣，寻找最让你感觉有趣和有归属感的“社区”，并努力在社区中成为一个有信用的个体，你会从中获得寻觅已久的机会。

2. 成为一名志愿者

用半年或更多的时间专门投身到那些需要立刻处理的危机中，比如绿色和平组织的拯救南美雨林活动，或者帮助灾后重建家园。在这种有着明确目标，却没有太多职位观念的组织中感受一下不同于“科层制”的合作方式，忠实地记录你的感受，比如你觉得不适应的地方和你感觉最有成就感的瞬间。

3. 为自己设计一个需要联络的场景

如何得到自己心仪的影星的亲笔签名。列出你能想到的方案，比如参加他的影迷会；通过自己的社交网络“托人”实现；查询他的博客，看看是否能找到联系方式等等。我建议你尝试这些预想的方案，如果成功，你会发现你和偶像之间距离其实并不远。

本章小结

虽然我们还不能完全断定明天的企业组织呈现的形态到底是什么样的，不过，从“先行者”那里，我们已经看到这种“新组织”呈现出和以往不同的特征。

(1) 这种组织无论在内部还是外部都遵循平等的原则，过去那种从上至下、层层约束的“金字塔”体系将被摈弃；

(2) 这种组织只遵循几条简单的“公理”，只要你同意不违反“公理”就可以自由地加入或退出，甚至复制出新的分组织；

(3) 组织和组织之间依靠“共同兴趣”连接，并持续分享经验，因此每个组织的个体都可以获得组织的全部“智慧”；

(4) 这种组织一旦形成了独特的“基因”，就能快速成长，其速度和灵活性让传统的“金字塔”组织望尘莫及。但是，这不是说新组织就是无坚不摧的，这种组织也可能被破坏、也可能消亡。

博瑞森管理丛书

	书名及作者	内容简介
1	《让管理回归简单》升级版 宋新宇著	宋博士针对企业中最棘手、最现实的管理问题，为管理提出简单易行的解决方案
2	《让经营回归简单》 宋新宇著	宋博士告诉你经营的秘诀，帮你迅速突破增长的瓶颈
3	《让用人回归简单》 宋新宇著	宋博士帮助中小企业的管理者找到适合自己企业的用人之道
4	《卖轮子：选择最佳营销方式》 【日】村松达夫著	本书是一本特好玩的营销启蒙书，写的是古埃及的一对夫妇和他们的四个销售员一起把石头轮子卖到全国各地赚了大笔钱的神奇经历
5	《涨价也能卖到翻》 【美】杰夫·科克斯等著	让每个顾客在你的产品上、在你的店里掏出更多的钱，让你的东西涨价也能卖到翻
6	《中层领导力》 【韩】崔秉权等著	帮助中层管理者认清自身管理上的不足，快速提升领导力，更好地激发团队工作热情，实现下属、自身、企业的多赢
7	《边干边学做老板》 黄中强著	本书将作者在公司经营、管理中的经验教训全盘托出，介绍了做老板必须注意的86个要害
8	《学话术　卖产品》 张小虎著	分析常见的顾客异议，提出破解方案，将复杂的销售程序化，将优秀的话术模块化，让普通导购员也能成为销售精英
9	《为什么你的公司没长大》 田友龙著	本书将小老板的众生相在笔端刻画得淋漓尽致，更值得小老板们反复思量
10	《产品炼金术》 史贤龙著	告诉你打造畅销品的新思维与好方法
11	《营销破局八大策略》 崔自三著	本书为企业在营销过程中各个层面的问题给出了精细、系统的解决方案，旨在帮助企业走出营销困局
12	《白酒营销的第一本书》 唐江华著	国内第1部白酒营销实战指导图书！ 帮你打开白酒营销大门！
13	《用流程解放管理者》 张国祥著	国内第1部针对企业的流程管理实战图书！实现流程管理从无到有、从有到全
14	《传统行业如何用网络拿订单》 张进著	国内第1部针对中小企业的网络实战指导图书！ 作者以自己10多年的网络营销经验和研究积累为基础，为你带来最具实战性的建议
15	《公司的浪费是如何产生的》 刘孝明著	作者针对企业里各种浪费现象并结合现实场景，直指造成浪费的根源，提示管理者及时堵住各类漏洞
16	《中小企业如何建品牌》 梁小平著	国内第1部中小企业建品牌操作实务型图书！ 作者结合丰富的品牌咨询经验和亲身指导案例，分四步指导企业自建品牌

续表

	书名及作者	内容简介
17	《成为优秀的快消品区域经理》 伯建新著	掌控市场＋内部管理＋常见误区＋工具箱＋自我提升，37 个“怎么办”全面系统分析区域经理的工作关键点
18	《一位销售经理的工作心得》 蒋军著	专为销售管理者而著的实战指导图书。从实际出发，作者用自己的亲身经历给予读者来自管理一线的经验
19	《7 个转变，让公司 3 年胜出》 李蓓著	以变应变，变中超越。本书为力图求变但又不想成为先烈的管理者指明了方向：从“企业估值”、“业务模式”、“营销”、“生产制造”、“客户服务”、“用户黏性”到“组织管理”，7 个转变让公司 3 年胜出
2012 年 10 月后即将出版		
20	《跳出行业思维惯性，从跟随到领先》 郭剑著	变革时代企业成长的核心逻辑在于模式创新，模式创新的本质是企业全员特别是企业家的思维创新
21	《用数字解放营销人》 黄润霖著	从营销中的各个问题出发，教会读者如何运用“营销的数字技术”，并能够运用公式和真实可见的数据来赢得市场和管理团队
22	《公司由小到大要过哪些坎》 卢强著	展示企业在试错阶段、突围阶段、转型阶段分别会遇到的具体问题，分析了企业的成功基因在各个阶段分别发挥的作用
23	《让企业得到员工真正的能力》 周剑著	立足中国本土实践，针对民营中小企业的独特的人力资源问题提出了一个系统、实用的新理论，从实际出发，帮助中小企业重新认识和解决企业中人的问题
24	《食用油营销第一本书》 余盛著	从食用油的概况入手，小包装食用油的营销常识、品牌战略、营销方法，以及细分品类分类营销手段
25	《中国乳业营销》 侯军伟著	乳业营销的第 1 本书！从区域性乳品企业的实际情况出发，捕捉到他们最大的特点和现实中存在的关键问题，梳理出一条清晰的脉络，并提出了明确的解决方法
26	《中小企业网络营销应该这样做》 张守辉著	专为中小企业量身打造的，网络营销起步及实战指导型图书，目的只有一个：让中小企业从网络营销中获得更强大的竞争优势
27	《为什么制度得不到执行》 王春强著	如果学会“制度化管理”，企业在规模、效率方面就有可能上个台阶；否则，很难走出“一切靠能人”的窠臼
28	《掌控终端营销》 曾祥文著	围绕“终端战略”、“终端管理”和“终端营销”三个方面，首次完整构筑了“终端营销”的逻辑框架，填补了这类图书的空白
29	《轻松应对税务稽查》 刘国东著	全面介绍税务稽查的整体形势，让企业对税务稽查有正确的认识；本书着重介绍了税务机关针对各个税种稽查的原则和重点，以及企业的应对策略

边干边学做老板

——一个小公司的日常管理

这是一个小公司老板写的关于公司日常管理实践的书，还未出版就在天涯论坛“管理前线版”阅读40余万次！

本书将作者在公司经营、管理中的经验教训全盘托出，介绍了做老板必须注意的86个要害。对广大企业经营管理者有着巨大的借鉴价值。

卖轮子

——选择最佳营销方式

这是一本特好玩的营销启蒙书,没有枯燥的概念、没有抽象的案例,有的只是古埃及的一对夫妇和他们的四个销售员一起把石头轮子卖到全国各地赚了大笔钱的神奇经历。

你不必期待用这本书解决你关于营销的所有疑惑,但你一定能享受一次妙趣横生的阅读之旅。我敢打赌,这一定是第一本你能够一口气读完的营销书。

用流程解放管理者

国内第1部针对企业的流程管理实战图书!

作者20年专注流程管理及咨询实践,向你介绍:流程管理对中小企业的价值、流程分析、流程设计、流程优化与流程再造、项目体验、观察与思考、流程设计图实例这7大板块。

7个转变,让公司3年胜出

环境正在改变,扩大生产规模、压低单价的“灵丹妙药”不再有效,即使在经典价值链上拥有一席之地,也不一定能分到一块蛋糕。

以变应变,变中超越。本书为力图求变、但又不想成为先烈的管理者,指明了方向:从“企业估值”“业务模式”“营销”“生产制造”“客户服务”“用户黏性”到“组织管理”,7个转变,让公司3年胜出!

宋博士简单管理系列

宋博士简单管理系列

《让管理回归简单——宋新宇博士帮你抓住管理的要害》(2012 升级版)： 宋新宇博士针对企业中最棘手、最现实的管理问题，从六个方面，即目标、组织、决策、授权、人才、老板自己，为管理者提出简单易行的解决方案。这些方法立竿见影，帮你抓住管理的要害，让管理变得简单。

《让经营回归简单——宋新宇博士帮你突破增长的瓶颈》： 让经营回归简单就是让自己(老板)、战略、客户、产品、成长和学习简单。宋博士告诉你经营的秘诀，帮你迅速突破增长的瓶颈。读完这本书，你将会明白：为什么最容易做的是第一比利润更重要的是什么

为什么要裁减客户如何在一个弱势行业增长

如何做到让客户主动来找你做老板的不易之处在哪里

如何避免老板常犯的 37 个错误如何把企业做大

为什么家族企业也可以做大最好的顾问在哪里

《让用人回归简单——宋新宇博士帮你解决用人难题》： "得人才者得天下，得人心者得人才"，认清和顺应当今人才管理的八大趋势，运用正确的人才管理办法，才能立于不败之地。

宋新宇博士在本书中从"用人的原则、用人的难题与误区、用人的方法、用人者的修炼"四大方面给中小企业的管理者们指导，帮助他们找到适合自己企业的用人之道。

博瑞森管理丛书
征稿启事

当中国和中国企业崛起成为全球共识，本土管理咨询、管理研究与创新正随之兴起。

谁是中国企业最信任、最渴求的管理专家？

何种管理思想、方法更适合当下中国企业？

博瑞森图书联合国内诸多管理专家、专业媒体、出版社向本土管理咨询师、企业管理者、管理研究者征稿！希望通过“博瑞森图书”这一本土管理图书的出版平台，为广大管理专家提供研究、创新成果展示机会，让更多有利于中国企业崛起的好思想、好方法迸发出来，为企业助力，为中国加油！

无论您目前是否已有待出版的内容，只要您认为自己的思想符合我们的出版方向、标准，请您与我们联系，将您的个人简介、或博客链接、或文章等相关个人资料发送到：bookgood@126.com. 我们将会协助您策划图书选题方向、整理内容资料、制定写作计划，并按照商业化出版模式出版、发行、推广您的作品。我们在为读者寻找好内容、出版好书，所以**特别说明：此活动绝非“自费出书”，不向作者收取任何成本、费用。**

其他联系方式：010－84645015 qq：1963328416

博瑞森图书已出版图书示例：《让管理回归简单》、《让经营回归简单》、《让用人回归简单》、《中层领导力》、《涨价也能买到翻》、《用流程解放管理者》、《边干边学做老板》、《卖轮子》（获2010年和讯年度图书奖）、《交易心理分析》（获2011年度上海“第一财经日报”投资图书奖）。